ARABISCH

WOORDENSCHAT

THEMATISCHE WOORDENLIJST

NEDERLANDS ARABISCH

De meest bruikbare woorden
Om uw woordenschat uit te breiden en
uw taalvaardigheid aan te scherpen

3000 woorden

Thematische woordenschat Nederlands-Egyptisch-Arabisch - 3000 woorden

Door Andrey Taranov

Woordenlijsten van T&P Books zijn bedoeld om u woorden van een vreemde taal te helpen leren, onthouden, en bestudering. Dit woordenboek is ingedeeld in thema's en behandelt alle belangrijk terreinen van het dagelijkse leven, bedrijven, wetenschap, cultuur, etc.

Het proces van het leren van woorden met behulp van de op thema's gebaseerde aanpak van T&P Books biedt u de volgende voordelen:

- Correct gegroepeerde informatie is bepalend voor succes bij opeenvolgende stadia van het leren van woorden
- De beschikbaarheid van woorden die van dezelfde stam zijn maakt het mogelijk om woordgroepen te onthouden (in plaats van losse woorden)
- Kleine groepen van woorden faciliteren het proces van het aanmaken van associatieve verbindingen, die nodig zijn bij het consolideren van de woordenschat
- Het niveau van talenkennis kan worden ingeschat door het aantal geleerde woorden

T&P Books Publishing
www.tpbooks.com

ISBN: 978-1-78716-729-2

Dit boek is ook beschikbaar in e-boek formaat.
Gelieve www.tpbooks.com te bezoeken of de belangrijkste online boekwinkels.

EGYPTISCH-ARABISCHE WOORDENSCHAT
nieuwe woorden leren

T&P Books woordenlijsten zijn bedoeld om u te helpen vreemde woorden te leren, te onthouden, en te bestuderen. De woordenschat bevat meer dan 3000 veel gebruikte woorden die thematisch geordend zijn.

- De woordenlijst bevat de meest gebruikte woorden
- Aanbevolen als aanvulling bij welke taalcursus dan ook
- Voldoet aan de behoeften van de beginnende en gevorderde student in vreemde talen
- Geschikt voor dagelijks gebruik, bestudering en zelftestactiviteiten
- Maakt het mogelijk om uw woordenschat te evalueren

Bijzondere kenmerken van de woordenschat

- De woorden zijn gerangschikt naar hun betekenis, niet volgens alfabet
- De woorden worden weergegeven in drie kolommen om bestudering en zelftesten te vergemakkelijken
- Woorden in groepen worden verdeeld in kleine blokken om het leerproces te vergemakkelijken
- De woordenschat biedt een handige en eenvoudige beschrijving van elk buitenlands woord

De woordenschat bevat 101 onderwerpen zoals:

Basisconcepten, getallen, kleuren, maanden, seizoenen, meeteenheden, kleding en accessoires, eten & voeding, restaurant, familieleden, verwanten, karakter, gevoelens, emoties, ziekten, stad, dorp, bezienswaardigheden, winkelen, geld, huis, thuis, kantoor, werken op kantoor, import & export, marketing, werk zoeken, sport, onderwijs, computer, internet, gereedschap, natuur, landen, nationaliteiten en meer ...

INHOUDSOPGAVE

UITSPRAAKGIDS

T&P fonetisch alfabet	Egyptisch-Arabisch voorbeeld	Nederlands voorbeeld
[a]	[ṭaffa] طفّى	acht
[ā]	[eχtār] إختار	aan, maart
[e]	[setta] ستّة	delen, spreken
[i]	[minā'] ميناء	bidden, tint
[ī]	[ebrīl] إبريل	team, portier
[o]	[oɣosṭos] أغسطس	overeenkomst
[ō]	[ḥalazōn] حلزون	rood, knoop
[u]	[kalkutta] كلكتا	hoed, doe
[ū]	[gamūs] جاموس	neus, treurig
[b]	[bedāya] بداية	hebben
[d]	[sa'āda] سعادة	Dank u, honderd
[ḍ]	[waḍ'] وضع	faryngale [d]
[ʒ]	[arʒantīn] الأرجنتين	journalist, rouge
[ẓ]	[ẓahar] ظهر	faryngale [z]
[f]	[χafīf] خفيف	feestdag, informeren
[g]	[bahga] بهجة	goal, tango
[h]	[ettegāh] إتّجاه	het, herhalen
[ḥ]	[ḥabb] حبّ	faryngale [h]
[y]	[dahaby] ذهبي	New York, januari
[k]	[korsy] كرسي	kennen, kleur
[l]	[lammaḥ] لمّح	delen, luchter
[m]	[marṣad] مرصد	morgen, etmaal
[n]	[ganūb] جنوب	nemen, zonder
[p]	[kaputʃino] كابتشينو	parallel, koper
[q]	[wasaq] وثق	kennen, kleur
[r]	[roḥe] روح	roepen, breken
[s]	[soχreya] سخرية	spreken, kosten
[ṣ]	[me'ṣam] معصم	faryngale [s]
[ʃ]	['aʃā'] عشاء	shampoo, machine
[t]	[tanūb] تنوب	tomaat, taart
[ṭ]	[χarīṭa] خريطة	faryngale [t]
[θ]	[mamūθ] ماموث	Stemloze dentaal, Engels - thank you
[v]	[vietnām] فيتنام	beloven, schrijven
[w]	[wadda'] ودّع	twee, willen
[χ]	[baχīl] بخيل	licht, school
[ɣ]	[etɣadda] إتغدّى	liegen, gaan
[z]	[me'za] معزة	zeven, zesde

T&P fonetisch alfabet	Egyptisch-Arabisch voorbeeld	Nederlands voorbeeld
[ʿ] (ayn)	[sabʿa] سبعة	stemhebbende faryngale fricatief
[ʾ] (hamza)	[saʾal] سأل	glottisslag

AFKORTINGEN gebruikt in de woordenschat

Egyptisch-Arabische afkortingen

du	-	dubbel meervoudig zelfstandig naamwoord
f	-	vrouwelijk zelfstandig naamwoord
m	-	mannelijk zelfstandig naamwoord
pl	-	meervoud

Nederlandse afkortingen

abn	-	als bijvoeglijk naamwoord
bijv.	-	bijvoorbeeld
bn	-	bijvoeglijk naamwoord
bw	-	bijwoord
enk.	-	enkelvoud
enz.	-	enzovoort
form.	-	formele taal
inform.	-	informele taal
mann.	-	mannelijk
mil.	-	militair
mv.	-	meervoud
on.ww.	-	onovergankelijk werkwoord
ontelb.	-	ontelbaar
ov.	-	over
ov.ww.	-	overgankelijk werkwoord
telb.	-	telbaar
vn	-	voornaamwoord
vrouw.	-	vrouwelijk
vw	-	voegwoord
vz	-	voorzetsel
wisk.	-	wiskunde
ww	-	werkwoord

Nederlandse artikelen

de	-	gemeenschappelijk geslacht
de/het	-	gemeenschappelijk geslacht, onzijdig
het	-	onzijdig

BASISBEGRIPPEN

1. Voornaamwoorden

ik	ana	أنا
jij, je (mann.)	enta	أنت
jij, je (vrouw.)	enty	أنت
hij	howwa	هوّ
zij, ze	hiya	هيّ
wij, we	eḥna	إحنا
jullie	antom	أنتِم
zij, ze	hamm	هم

2. Begroetingen. Begroetingen

Hallo!	assalamu 'alaykum!	!السلام عليكم
Goedemorgen!	ṣabāḥ el χeyr!	!صباح الخير
Goedemiddag!	neharak sa'īd!	!نهارك سعيد
Goedenavond!	masā' el χeyr!	!مساء الخير
gedag zeggen (groeten)	sallem	سلِّم
Hoi!	ahlan!	!أهلاً
groeten (het)	salām (m)	سلام
verwelkomen (ww)	sallem 'ala	سلِّم على
Hoe gaat het?	ezzayek?	ازّيّك؟
Is er nog nieuws?	aχbārak eyh?	أخبارك ايه؟
Dag! Tot ziens!	ma' el salāma!	!مع السلامة
Tot snel! Tot ziens!	aʃūfak orayeb!	!أشوفك قريب
Vaarwel!	ma' el salāma!	!مع السلامة
afscheid nemen (ww)	wadda'	ودّع
Tot kijk!	bay bay!	!باي باي
Dank u!	ʃokran!	!شكراً
Dank u wel!	ʃokran geddan!	!شكراً جداً
Graag gedaan	el 'afw	العفو
Geen dank!	la ʃokr 'ala wāgeb	لا شكر على واجب
Geen moeite.	el 'afw	العفو
Excuseer me, ... (inform.)	'an eznak!	!عن إذنك
Excuseer me, ... (form.)	ba'd ezn ḥadretak!	!بعد إذن حضرتك
excuseren (verontschuldigen)	'azar	عذر
zich verontschuldigen	e'tazar	أعتذر
Mijn excuses.	ana 'āsef	أنا آسف
Het spijt me!	ana 'āsef!	!أنا آسف

vergeven (ww)	ʿafa	عفا
alsjeblieft	men faḍlak	من فضلك
Vergeet het niet!	ma tensāʃ!	ما تنساش!
Natuurlijk!	ṭabʿan!	طبعاً!
Natuurlijk niet!	laʾ ṭabʿan!	لأ طبعاً!
Akkoord!	ettafaʾna!	إتّفقنا!
Zo is het genoeg!	kefāya!	كفاية!

3. Vragen

Wie?	mīn?	مين؟
Wat?	eyh?	ايه؟
Waar?	feyn?	فين؟
Waarheen?	feyn?	فين؟
Waarvandaan?	meneyn?	منين؟
Wanneer?	emta	امتى؟
Waarom?	ʿaʃān eyh?	عشان ايه؟
Waarom?	leyh?	ليه؟
Waarvoor dan ook?	l eyh?	لـ ليه؟
Hoe?	ezāy?	إزاي؟
Wat voor …?	eyh?	ايه؟
Welk?	ayī?	أيّ؟
Aan wie?	le mīn?	لمين؟
Over wie?	ʿan mīn?	عن مين؟
Waarover?	ʿan eyh?	عن ايه؟
Met wie?	maʿ mīn?	مع مين؟
Hoeveel?	kām?	كام؟
Van wie? (mann.)	betāʿet mīn?	بتاعت مين؟

4. Voorzetsels

met (bijv. ~ beleg)	maʿ	مع
zonder (~ accent)	men ɣeyr	من غير
naar (in de richting van)	ela	إلى
over (praten ~)	ʿan	عن
voor (in tijd)	ʾabl	قبل
voor (aan de voorkant)	ʾoddām	قدّام
onder (lager dan)	taḥt	تحت
boven (hoger dan)	foʾe	فوق
op (bovenop)	ʿala	على
van (uit, afkomstig van)	men	من
van (gemaakt van)	men	من
over (bijv. ~ een uur)	baʿd	بعد
over (over de bovenkant)	men ʿala	من على

5. Functiewoorden. Bijwoorden. Deel 1

Waar?	feyn?	فين؟
hier (bw)	hena	هنا
daar (bw)	henāk	هناك
ergens (bw)	fe makānen ma	في مكان ما
nergens (bw)	meʃ fi ayī makān	مش في أيّ مكان
bij ... (in de buurt)	ganb	جنب
bij het raam	ganb el ʃebbāk	جنب الشبّاك
Waarheen?	feyn?	فين؟
hierheen (bw)	hena	هنا
daarheen (bw)	henāk	هناك
hiervandaan (bw)	men hena	من هنا
daarvandaan (bw)	men henāk	من هناك
dichtbij (bw)	ʾarīb	قريب
ver (bw)	beʿīd	بعيد
in de buurt (van ...)	ʿand	عند
dichtbij (bw)	ʾarīb	قريب
niet ver (bw)	meʃ beʿīd	مش بعيد
linker (bn)	el ʃemāl	الشمال
links (bw)	ʿalal ʃemāl	على الشمال
linksaf, naar links (bw)	lel ʃemāl	للشمال
rechter (bn)	el yemīn	اليمين
rechts (bw)	ʿalal yemīn	على اليمين
rechtsaf, naar rechts (bw)	lel yemīn	لليمين
vooraan (bw)	ʾoddām	قدّام
voorste (bn)	amāmy	أمامي
vooruit (bw)	ela el amām	إلى الأمام
achter (bw)	waraʾ	وراء
van achteren (bw)	men wara	من ورا
achteruit (naar achteren)	le wara	لورا
midden (het)	wasaṭ (m)	وسط
in het midden (bw)	fel wasat	في الوسط
opzij (bw)	ʿala ganb	على جنب
overal (bw)	fe kol makān	في كل مكان
omheen (bw)	ḥawaleyn	حوالين
binnenuit (bw)	men gowwah	من جوّه
naar ergens (bw)	le ʾayī makān	لأي مكان
rechtdoor (bw)	ʿala ṭūl	على طول
terug (bijv. ~ komen)	rogūʿ	رجوع
ergens vandaan (bw)	men ayī makān	من أيّ مكان
ergens vandaan (en dit geld moet ~ komen)	men makānen mā	من مكان ما

ten eerste (bw)	awwalan	أوّلاً
ten tweede (bw)	sāneyan	ثانياً
ten derde (bw)	sālesan	ثالثاً
plotseling (bw)	fag'a	فجأة
in het begin (bw)	fel bedāya	في البداية
voor de eerste keer (bw)	le 'awwel marra	لأوّل مرّة
lang voor ... (bw)	'abl ... be modda ṭawīla	قبل... بمدة طويلة
opnieuw (bw)	men gedīd	من جديد
voor eeuwig (bw)	lel abad	للأبد
nooit (bw)	abadan	أبداً
weer (bw)	tāny	تاني
nu (bw)	delwa'ty	دلوقتي
vaak (bw)	ketīr	كثير
toen (bw)	wa'taha	وقتها
urgent (bw)	'ala ṭūl	على طول
meestal (bw)	'ādatan	عادةً
trouwens, ... (tussen haakjes)	'ala fekra ...	على فكرة...
mogelijk (bw)	momken	ممكن
waarschijnlijk (bw)	momken	ممكن
misschien (bw)	momken	ممكن
trouwens (bw)	bel eḍāfa ela ...	بالإضافة إلى...
daarom ...	'aʃān keda	عشان كده
in weerwil van ...	bel raɣm men ...	بالرغم من...
dankzij ...	be faḍl ...	بفضل...
wat (vn)	elly	إللي
dat (vw)	ennu	إنّه
iets (vn)	ḥāga (f)	حاجة
iets	ayī ḥāga (f)	أيّ حاجة
niets (vn)	wala ḥāga	ولا حاجة
wie (~ is daar?)	elly	إللي
iemand (een onbekende)	ḥadd	حدّ
iemand (een bepaald persoon)	ḥadd	حدّ
niemand (vn)	wala ḥadd	ولا حدّ
nergens (bw)	meʃ le wala makān	مش لـ ولا مكان
niemands (bn)	wala ḥadd	ولا حدّ
iemands (bn)	le ḥadd	لحدّ
zo (Ik ben ~ blij)	geddan	جداً
ook (evenals)	kamān	كمان
alsook (eveneens)	kamān	كمان

6. Functiewoorden. Bijwoorden. Deel 2

Waarom?	leyh?	ليه؟
om een bepaalde reden	le sabeben ma	لسبب ما
omdat ...	'aʃān ...	عشان ...

voor een bepaald doel	le hadafen mā	لهدف ما
en (vw)	w	و
of (vw)	walla	ولّا
maar (vw)	bass	بسّ
voor (vz)	'aʃān	عشان
te (~ veel mensen)	ketīr geddan	كتير جدّاً
alleen (bw)	bass	بس
precies (bw)	bel ḍabṭ	بالضبط
ongeveer (~ 10 kg)	naḥw	نحو
omstreeks (bw)	naḥw	نحو
bij benadering (bn)	taqrīby	تقريبي
bijna (bw)	ta'rīban	تقريباً
rest (de)	el bā'y (m)	الباقي
elk (bn)	koll	كلّ
om het even welk	ayī	أيّ
veel (grote hoeveelheid)	ketīr	كتير
veel mensen	nās ketīr	ناس كتير
iedereen (alle personen)	koll el nās	كلّ الناس
in ruil voor ...	fi moqābel ...	... في مقابل
in ruil (bw)	fe moqābel	في مقابل
met de hand (bw)	bel yad	باليد
onwaarschijnlijk (bw)	bel kād	بالكاد
waarschijnlijk (bw)	momken	ممكن
met opzet (bw)	bel 'aṣd	بالقصد
toevallig (bw)	bel ṣodfa	بالصدفة
zeer (bw)	'awy	قوّي
bijvoorbeeld (bw)	masalan	مثلاً
tussen (~ twee steden)	beyn	بين
tussen (te midden van)	wesṭ	وسط
zoveel (bw)	ketīr	كتير
vooral (bw)	χāṣṣa	خاصّة

GETALLEN. DIVERSEN

7. Kardinale getallen. Deel 1

nul	ṣefr	صفر
een	wāḥed	واحد
een (vrouw.)	waḥda	واحدة
twee	etneyn	إتنين
drie	talāta	ثلاثة
vier	arbaʿa	أربعة
vijf	χamsa	خمسة
zes	setta	ستّة
zeven	sabʿa	سبعة
acht	tamanya	ثمانية
negen	tesʿa	تسعة
tien	ʿaʃara	عشرة
elf	ḥedāʃar	حداشر
twaalf	etnāʃar	إتناشر
dertien	talattāʃar	تلاتّاشر
veertien	arbaʿtāʃer	أربعتاشر
vijftien	χamastāʃer	خمستاشر
zestien	settāʃar	ستّاشر
zeventien	sabaʿtāʃar	سبعتاشر
achttien	tamantāʃar	تمنتاشر
negentien	tesʿatāʃar	تسعتاشر
twintig	ʿeʃrīn	عشرين
eenentwintig	wāḥed we ʿeʃrīn	واحد وعشرين
tweeëntwintig	etneyn we ʿeʃrīn	إتنين وعشرين
drieëntwintig	talāta we ʿeʃrīn	ثلاثة وعشرين
dertig	talatīn	ثلاثين
eenendertig	wāḥed we talatīn	واحد وتلاتين
tweeëndertig	etneyn we talatīn	إتنين وتلاتين
drieëndertig	talāta we talatīn	ثلاثة وثلاثين
veertig	arbeʿīn	أربعين
eenenveertig	wāḥed we arbeʿīn	واحد وأربعين
tweeënveertig	etneyn we arbeʿīn	إتنين وأربعين
drieënveertig	talāta we arbeʿīn	ثلاثة وأربعين
vijftig	χamsīn	خمسين
eenenvijftig	wāḥed we χamsīn	واحد وخمسين
tweeënvijftig	etneyn we χamsīn	إتنين وخمسين
drieënvijftig	talāta we χamsīn	ثلاثة وخمسين
zestig	settīn	ستّين
eenenzestig	wāḥed we settīn	واحد وستّين

tweeënzestig	etneyn we settīn	إتنين وستّين
drieënzestig	talāta we settīn	ثلاثة وستّين
zeventig	sab'īn	سبعين
eenenzeventig	wāḥed we sab'īn	واحد وسبعين
tweeënzeventig	etneyn we sab'īn	إتنين وسبعين
drieënzeventig	talāta we sab'īn	ثلاثة وسبعين
tachtig	tamanīn	ثمانين
eenentachtig	wāḥed we tamanīn	واحد وتمانين
tweeëntachtig	etneyn we tamanīn	إتنين وتمانين
drieëntachtig	talāta we tamanīn	ثلاثة وثمانين
negentig	tes'īn	تسعين
eenennegentig	wāḥed we tes'īn	واحد وتسعين
tweeënnegentig	etneyn we tes'īn	إتنين وتسعين
drieënnegentig	talāta we tes'īn	ثلاثة وتسعين

8. Kardinale getallen. Deel 2

honderd	miya	ميّة
tweehonderd	meteyn	ميتين
driehonderd	toltomiya	تلتميّة
vierhonderd	rob'omiya	ربعميّة
vijfhonderd	χomsomiya	خمسميّة
zeshonderd	sotomiya	ستميّة
zevenhonderd	sob'omiya	سبعميّة
achthonderd	tomnome'a	ثمنمئة
negenhonderd	tos'omiya	تسعميّة
duizend	alf	ألف
tweeduizend	alfeyn	ألفين
drieduizend	talat 'ālāf	ثلاث آلاف
tienduizend	'aʃaret 'ālāf	عشرة آلاف
honderdduizend	mīt alf	ميت ألف
miljoen (het)	millyon (m)	مليون
miljard (het)	millyār (m)	مليار

9. Ordinale getallen

eerste (bn)	awwel	أوّل
tweede (bn)	tāny	تاني
derde (bn)	tālet	تالت
vierde (bn)	rābe'	رابع
vijfde (bn)	χāmes	خامس
zesde (bn)	sādes	سادس
zevende (bn)	sābe'	سابع
achtste (bn)	tāmen	تامن
negende (bn)	tāse'	تاسع
tiende (bn)	'āʃer	عاشر

KLEUREN. MEETEENHEDEN

10. Kleuren

kleur (de)	lone (m)	لون
tint (de)	daraget el lōn (m)	درجة اللون
kleurnuance (de)	ṣabɣet lōn (f)	صبغة اللون
regenboog (de)	qose qozaḥ (m)	قوس قزح
wit (bn)	abyaḍ	أبيض
zwart (bn)	aswad	أسود
grijs (bn)	romādy	رمادي
groen (bn)	aχḍar	أخضر
geel (bn)	aṣfar	أصفر
rood (bn)	aḥmar	أحمر
blauw (bn)	azra'	أزرق
lichtblauw (bn)	azra' fāteḥ	أزرق فاتح
roze (bn)	wardy	وردي
oranje (bn)	bortoqāly	برتقالي
violet (bn)	banaffsegy	بنفسجي
bruin (bn)	bonny	بني
goud (bn)	dahaby	ذهبي
zilverkleurig (bn)	feḍḍy	فضي
beige (bn)	bɛːʒ	بيج
roomkleurig (bn)	'āgy	عاجي
turkoois (bn)	fayrūzy	فيروزي
kersrood (bn)	aḥmar karazy	أحمر كرزي
lila (bn)	laylaky	ليلكي
karmijnrood (bn)	qormozy	قرمزي
licht (bn)	fāteḥ	فاتح
donker (bn)	ɣāme'	غامق
fel (bn)	zāhy	زاهي
kleur-, kleurig (bn)	melawwen	ملون
kleuren- (abn)	melawwen	ملون
zwart-wit (bn)	abyaḍ we aswad	أبيض وأسود
eenkleurig (bn)	sāda	سادة
veelkleurig (bn)	mota'added el alwān	متعدد الألوان

11. Meeteenheden

gewicht (het)	wazn (m)	وزن
lengte (de)	ṭūl (m)	طول

breedte (de)	ʿarḍ (m)	عرض
hoogte (de)	ertefāʿ (m)	إرتفاع
diepte (de)	ʿomq (m)	عمق
volume (het)	ḥagm (m)	حجم
oppervlakte (de)	mesāḥa (f)	مساحة
gram (het)	gram (m)	جرام
milligram (het)	milligrām (m)	ملّيغرام
kilogram (het)	kilogrām (m)	كيلوغرام
ton (duizend kilo)	ṭenn (m)	طنّ
pond (het)	reṭl (m)	رطل
ons (het)	onṣa (f)	أونصة
meter (de)	metr (m)	متر
millimeter (de)	millimetr (m)	ملّيمتر
centimeter (de)	santimetr (m)	سنتيمتر
kilometer (de)	kilometr (m)	كيلومتر
mijl (de)	mīl (m)	ميل
duim (de)	boṣa (f)	بوصة
voet (de)	ʾadam (m)	قدم
yard (de)	yarda (f)	ياردة
vierkante meter (de)	metr morabbaʿ (m)	متر مربّع
hectare (de)	hektār (m)	هكتار
liter (de)	litre (m)	لتر
graad (de)	daraga (f)	درجة
volt (de)	volt (m)	فولت
ampère (de)	ambere (m)	أمبير
paardenkracht (de)	ḥoṣān (m)	حصان
hoeveelheid (de)	kemiya (f)	كميّة
een beetje ...	ʃewayet ...	شويّة...
helft (de)	noṣṣ (m)	نصّ
dozijn (het)	desta (f)	دستة
stuk (het)	waḥda (f)	وحدة
afmeting (de)	ḥagm (m)	حجم
schaal (bijv. ~ van 1 op 50)	meʾyās (m)	مقياس
minimaal (bn)	el adna	الأدنى
minste (bn)	el aṣɣar	الأصغر
medium (bn)	motawasseṭ	متوّسط
maximaal (bn)	el aqṣa	الأقصى
grootste (bn)	el akbar	الأكبر

12. Containers

glazen pot (de)	barṭamān (m)	برطمان
blik (conserven~)	kanz (m)	كانز
emmer (de)	gardal (m)	جردل
ton (bijv. regenton)	barmīl (m)	برميل
ronde waterbak (de)	ḥoḍe lel ɣasīl (m)	حوض للغسيل

tank (bijv. watertank-70-ltr)	χazzān (m)	خزّان
heupfles (de)	zamzamiya (f)	زمزميّة
jerrycan (de)	ʒerken (m)	جركن
tank (bijv. ketelwagen)	χazzān (m)	خزّان
beker (de)	mugg (m)	ماجّ
kopje (het)	fengān (m)	فنجان
schoteltje (het)	ṭaba' fengān (m)	طبق فنجان
glas (het)	kobbāya (f)	كوبّاية
wijnglas (het)	kāsa (f)	كاسة
pan (de)	ḥalla (f)	حلّة
fles (de)	ezāza (f)	إزازة
flessenhals (de)	ʿonq (m)	عنق
karaf (de)	dawra' zogāgy (m)	دوّرق زجاجي
kruik (de)	ebrī' (m)	إبريق
vat (het)	weʿā' (m)	وعاء
pot (de)	aṣīṣ (m)	أصيص
vaas (de)	vāza (f)	فازة
flacon (de)	ezāza (f)	إزازة
flesje (het)	ezāza (f)	إزازة
tube (bijv. ~ tandpasta)	anbūba (f)	أنبوبة
zak (bijv. ~ aardappelen)	kīs (m)	كيس
tasje (het)	kīs (m)	كيس
pakje (~ sigaretten, enz.)	ʿelba (f)	علبة
doos (de)	ʿelba (f)	علبة
kist (de)	ṣandū' (m)	صندوق
mand (de)	salla (f)	سلّة

BELANGRIJKSTE WERKWOORDEN

13. De belangrijkste werkwoorden. Deel 1

aanbevelen (ww)	naṣaḥ	نصح
aandringen (ww)	aṣarr	أصر
aankomen (per auto, enz.)	weṣel	وصل
aanraken (ww)	lamas	لمس
adviseren (ww)	naṣaḥ	نصح
afdalen (on.ww.)	nezel	نزل
afslaan (naar rechts ~)	ḥād	حاد
antwoorden (ww)	gāwab	جاوب
bang zijn (ww)	χāf	خاف
bedreigen (bijv. met een pistool)	hadded	هدّد
bedriegen (ww)	χada'	خدع
beëindigen (ww)	χallaṣ	خلّص
beginnen (ww)	bada'	بدأ
begrijpen (ww)	fehem	فهم
beheren (managen)	adār	أدار
beledigen (met scheldwoorden)	ahān	أهان
beloven (ww)	wa'ad	وعد
bereiden (koken)	ḥaḍḍar	حضّر
bespreken (spreken over)	nā'eʃ	ناقش
bestellen (eten ~)	ṭalab	طلب
bestraffen (een stout kind ~)	'āqab	عاقب
betalen (ww)	dafa'	دفع
betekenen (beduiden)	'aṣad	قصد
betreuren (ww)	nedem	ندم
bevallen (prettig vinden)	'agab	عجب
bevelen (mil.)	amar	أمر
bevrijden (stad, enz.)	ḥarrar	حرّر
bewaren (ww)	ḥafaẓ	حفظ
bezitten (ww)	malak	ملك
bidden (praten met God)	ṣalla	صلّى
binnengaan (een kamer ~)	daχal	دخل
breken (ww)	kasar	كسر
controleren (ww)	et-ḥakkem	إتحكّم
creëren (ww)	'amal	عمل
deelnemen (ww)	ʃārek	شارك
denken (ww)	fakkar	فكّر
doden (ww)	'atal	قتل

doen (ww)	ʿamal	عمل
dorst hebben (ww)	ʿāyez aʃrab	عايز أشرب

14. De belangrijkste werkwoorden. Deel 2

een hint geven	edda lamḥa	إدّى لمحة
eisen (met klem vragen)	ṭāleb	طالب
existeren (bestaan)	kān mawgūd	كان موّجود
gaan (te voet)	meʃy	مشى
gaan zitten (ww)	ʾaʿad	قعد
gaan zwemmen	sebeḥ	سبح
geven (ww)	edda	إدّى
glimlachen (ww)	ebtasam	إبتسم
goed raden (ww)	χammen	خمّن
grappen maken (ww)	hazzar	هزّر
graven (ww)	ḥafar	حفر
hebben (ww)	malak	ملك
helpen (ww)	sāʿed	ساعد
herhalen (opnieuw zeggen)	karrar	كرّر
honger hebben (ww)	ʿāyez ʾākol	عايز آكل
hopen (ww)	tamanna	تمنّى
horen (waarnemen met het oor)	semeʿ	سمع
huilen (wenen)	baka	بكى
huren (huis, kamer)	estʾgar	إستأجر
informeren (informatie geven)	ʾāl ly	قال لي
instemmen (akkoord gaan)	ettafaʾ	إتّفق
jagen (ww)	eṣṭād	اصطاد
kennen (kennis hebben van iemand)	ʿeref	عرف
kiezen (ww)	eχtār	إختار
klagen (ww)	ʃaka	شكا
kosten (ww)	kallef	كلّف
kunnen (ww)	ʾeder	قدر
lachen (ww)	ḍeḥek	ضحك
laten vallen (ww)	waʾʾaʿ	وقّع
lezen (ww)	ʾara	قرأ
liefhebben (ww)	ḥabb	حبّ
lunchen (ww)	etɣadda	إتغدّى
nemen (ww)	aχad	أخد
nodig zijn (ww)	maṭlūb	مطلوب

15. De belangrijkste werkwoorden. Deel 3

onderschatten (ww)	estaχaff	إستخفّ
ondertekenen (ww)	waqqaʿ	وقّع

ontbijten (ww)	feṭer	فطر
openen (ww)	fataḥ	فتح
ophouden (ww)	baṭṭal	بطّل
opmerken (zien)	lāḥaẓ	لاحظ
opscheppen (ww)	tabāha	تباهى
opschrijven (ww)	katab	كتب
plannen (ww)	χaṭṭeṭ	خطّط
prefereren (verkiezen)	faḍḍal	فضّل
proberen (trachten)	ḥāwel	حاول
redden (ww)	anqaz	أنقذ
rekenen op …	e'tamad 'ala …	إعتمد على...
rennen (ww)	gery	جري
reserveren (een hotelkamer ~)	ḥagaz	حجز
roepen (om hulp)	estaɣās	إستغاث
schieten (ww)	ḍarab bel nār	ضرب بالنار
schreeuwen (ww)	ṣarraχ	صرّخ
schrijven (ww)	katab	كتب
souperen (ww)	et'asʃa	إتعشّى
spelen (kinderen)	le'eb	لعب
spreken (ww)	kallem	كلّم
stelen (ww)	sara'	سرق
stoppen (pauzeren)	wa''af	وقّف
studeren (Nederlands ~)	daras	درس
sturen (zenden)	arsal	أرسل
tellen (optellen)	'add	عدّ
toebehoren aan …	χaṣṣ	خصّ
toestaan (ww)	samaḥ	سمح
tonen (ww)	warra	ورّى
twijfelen (onzeker zijn)	ʃakk fe	شكّ في
uitgaan (ww)	χarag	خرج
uitnodigen (ww)	'azam	عزم
uitspreken (ww)	naṭa'	نطق
uitvaren tegen (ww)	wabbeχ	وبّخ

16. De belangrijkste werkwoorden. Deel 4

vallen (ww)	we'e'	وقع
vangen (ww)	mesek	مسك
veranderen (anders maken)	ɣayar	غيّر
verbaasd zijn (ww)	etfāge'	إتفاجئ
verbergen (ww)	χabba	خبّأ
verdedigen (je land ~)	dāfa'	دافع
verenigen (ww)	waḥḥed	وحّد
vergelijken (ww)	qāran	قارن
vergeten (ww)	nesy	نسي
vergeven (ww)	'afa	عفا
verklaren (uitleggen)	ʃaraḥ	شرح

verkopen (per stuk ~)	bāʿ	باع
vermelden (praten over)	zakar	ذكر
versieren (decoreren)	zayen	زيّن
vertalen (ww)	targem	ترجم
vertrouwen (ww)	wasaq	وثق
vervolgen (ww)	wāṣel	واصل
verwarren (met elkaar ~)	etlaχbaṭ	إتلخبط
verzoeken (ww)	ṭalab	طلب
verzuimen (school, enz.)	ɣāb	غاب
vinden (ww)	laʾa	لقى
vliegen (ww)	ṭār	طار
volgen (ww)	tatabbaʿ	تتبّع
voorstellen (ww)	ʿaraḍ	عرض
voorzien (verwachten)	tanabbaʾ	تنبّأ
vragen (ww)	saʾal	سأل
waarnemen (ww)	rāqab	راقب
waarschuwen (ww)	ḥazzar	حذّر
wachten (ww)	estanna	إستنّى
weerspreken (ww)	eʿtaraḍ	إعترض
weigeren (ww)	rafaḍ	رفض
werken (ww)	eʃtaɣal	إشتغل
weten (ww)	ʿeref	عرف
willen (verlangen)	ʿāyez	عايز
zeggen (ww)	ʾāl	قال
zich haasten (ww)	estaʿgel	إستعجل
zich interesseren voor ...	ehtamm be	إهتمّ بـ
zich vergissen (ww)	ɣeleṭ	غلط
zich verontschuldigen	eʿtazar	إعتذر
zien (ww)	ʃāf	شاف
zijn (ww)	kān	كان
zoeken (ww)	dawwar ʿala	دوّر على
zwemmen (ww)	ʿām	عام
zwijgen (ww)	seket	سكت

TIJD. KALENDER

17. Dagen van de week

maandag (de)	el etneyn (m)	الإتنين
dinsdag (de)	el talāt (m)	التلات
woensdag (de)	el arbe'ā' (m)	الأربعاء
donderdag (de)	el χamīs (m)	الخميس
vrijdag (de)	el gom'a (m)	الجمعة
zaterdag (de)	el sabt (m)	السبت
zondag (de)	el aḥad (m)	الأحد
vandaag (bw)	el naharda	النهارده
morgen (bw)	bokra	بكرة
overmorgen (bw)	ba'd bokra (m)	بعد بكرة
gisteren (bw)	embāreḥ	امبارح
eergisteren (bw)	awwel embāreḥ	أوّل امبارح
dag (de)	yome (m)	يوم
werkdag (de)	yome 'amal (m)	يوم عمل
feestdag (de)	agāza rasmiya (f)	أجازة رسميّة
verlofdag (de)	yome el agāza (m)	يوم أجازة
weekend (het)	nehāyet el osbū' (f)	نهاية الأسبوع
de hele dag (bw)	ṭūl el yome	طول اليوم
de volgende dag (bw)	fel yome elly ba'dīh	في اليوم اللي بعديه
twee dagen geleden	men yomeyn	من يومين
aan de vooravond (bw)	fel yome elly 'ablo	في اليوم اللي قبله
dag-, dagelijks (bn)	yawmy	يومي
elke dag (bw)	yawmiyan	يومياً
week (de)	osbū' (m)	أسبوع
vorige week (bw)	el esbū' elly fāt	الأسبوع اللي فات
volgende week (bw)	el esbū' elly gayī	الأسبوع اللي جاي
wekelijks (bn)	osbū'y	أسبوعي
elke week (bw)	osbū'iyan	أسبوعياً
twee keer per week	marreteyn fel osbū'	مرّتين في الأسبوع
elke dinsdag	koll solasā'	كلّ ثلاثاء

18. Uren. Dag en nacht

morgen (de)	ṣobḥ (m)	صبح
's morgens (bw)	fel ṣobḥ	في الصبح
middag (de)	ẓohr (m)	ظهر
's middags (bw)	ba'd el ḍohr	بعد الظهر
avond (de)	leyl (m)	ليل
's avonds (bw)	bel leyl	بالليل

nacht (de)	leyl (m)	ليل
's nachts (bw)	bel leyl	بالليل
middernacht (de)	noṣṣ el leyl (m)	نصّ الليل
seconde (de)	sanya (f)	ثانية
minuut (de)	deʾīʾa (f)	دقيقة
uur (het)	sāʿa (f)	ساعة
halfuur (het)	noṣṣ sāʿa (m)	نصّ ساعة
kwartier (het)	robʿ sāʿa (f)	ربع ساعة
vijftien minuten	χamastāʃer deʾīʾa	خمستاشر دقيقة
etmaal (het)	arbaʿa we ʿeʃrīn sāʿa	أربعة وعشرين ساعة
zonsopgang (de)	ʃorūʾ el ʃams (m)	شروق الشمس
dageraad (de)	fagr (m)	فجر
vroege morgen (de)	ṣobḥ badry (m)	صبح بدري
zonsondergang (de)	ɣorūb el ʃams (m)	غروب الشمس
's morgens vroeg (bw)	el ṣobḥ badry	الصبح بدري
vanmorgen (bw)	el naharda el ṣobḥ	النهاردة الصبح
morgenochtend (bw)	bokra el ṣobḥ	بكرة الصبح
vanmiddag (bw)	el naharda baʿd el ḍohr	النهاردة بعد الظهر
's middags (bw)	baʿd el ḍohr	بعد الظهر
morgenmiddag (bw)	bokra baʿd el ḍohr	بكرة بعد الظهر
vanavond (bw)	el naharda bel leyl	النهاردة بالليل
morgenavond (bw)	bokra bel leyl	بكرة بالليل
klokslag drie uur	es sāʿa talāta bel ḍabṭ	الساعة تلاتة بالضبط
ongeveer vier uur	es sāʿa arbaʿa taʾrīban	الساعة أربعة تقريبا
tegen twaalf uur	ḥatt es sāʿa etnāʃar	حتى الساعة إتناشر
over twintig minuten	fe χelāl ʿeʃrīn deʿeeʿa	في خلال عشرين دقيقة
over een uur	fe χelāl sāʿa	في خلال ساعة
op tijd (bw)	fe mawʿedo	في موعده
kwart voor ...	ella robʿ	إلّا ربع
binnen een uur	χelāl sāʿa	خلال ساعة
elk kwartier	koll robʿ sāʿa	كلّ ربع ساعة
de klok rond	leyl nahār	ليل نهار

19. Maanden. Seizoenen

januari (de)	yanāyer (m)	يناير
februari (de)	febrāyer (m)	فبراير
maart (de)	māres (m)	مارس
april (de)	ebrīl (m)	إبريل
mei (de)	māyo (m)	مايو
juni (de)	yonyo (m)	يونيو
juli (de)	yolyo (m)	يوليو
augustus (de)	oɣosṭos (m)	أغسطس
september (de)	sebtamber (m)	سبتمبر
oktober (de)	oktober (m)	أكتوبر
november (de)	november (m)	نوفمبر

december (de)	desember (m)	ديسمبر
lente (de)	rabee' (m)	ربيع
in de lente (bw)	fel rabee'	في الربيع
lente- (abn)	rabee'y	ربيعي
zomer (de)	ṣeyf (m)	صيف
in de zomer (bw)	fel ṣeyf	في الصيف
zomer-, zomers (bn)	ṣeyfy	صيفي
herfst (de)	χarīf (m)	خريف
in de herfst (bw)	fel χarīf	في الخريف
herfst- (abn)	χarīfy	خريفي
winter (de)	ʃetā' (m)	شتاء
in de winter (bw)	fel ʃetā'	في الشتاء
winter- (abn)	ʃetwy	شتوي
maand (de)	ʃahr (m)	شهر
deze maand (bw)	fel ʃahr da	في الشهر ده
volgende maand (bw)	el ʃahr el gayī	الشهر الجايّ
vorige maand (bw)	el ʃahr elly fāt	الشهر اللي فات
een maand geleden (bw)	men ʃahr	من شهر
over een maand (bw)	ba'd ʃahr	بعد شهر
over twee maanden (bw)	ba'd ʃahreyn	بعد شهرين
de hele maand (bw)	el ʃahr kollo	الشهر كلّه
een volle maand (bw)	ṭawāl el ʃahr	طوال الشهر
maand-, maandelijks (bn)	ʃahry	شهري
maandelijks (bw)	ʃahry	شهري
elke maand (bw)	koll ʃahr	كلّ شهر
twee keer per maand	marreteyn fel ʃahr	مرّتين في الشهر
jaar (het)	sana (f)	سنة
dit jaar (bw)	el sana di	السنة دي
volgend jaar (bw)	el sana el gaya	السنة الجايّة
vorig jaar (bw)	el sana elly fātet	السنة اللي فاتت
een jaar geleden (bw)	men sana	من سنة
over een jaar	ba'd sana	بعد سنة
over twee jaar	ba'd sanateyn	بعد سنتين
het hele jaar	el sana kollaha	السنة كلّها
een vol jaar	ṭūl el sana	طول السنة
elk jaar	koll sana	كلّ سنة
jaar-, jaarlijks (bn)	sanawy	سنوي
jaarlijks (bw)	koll sana	كلّ سنة
4 keer per jaar	arba' marrāt fel sana	أربع مرات في السنة
datum (de)	tarīχ (m)	تاريخ
datum (de)	tarīχ (m)	تاريخ
kalender (de)	natīga (f)	نتيجة
een half jaar	noṣṣ sana	نصّ سنة
zes maanden	settet aʃ-hor (f)	ستّة أشهر
seizoen (bijv. lente, zomer)	faṣl (m)	فصل
eeuw (de)	qarn (m)	قرن

REIZEN. HOTEL

20. Trip. Reizen

toerisme (het)	seyāḥa (f)	سياحة
toerist (de)	sā'eḥ (m)	سائح
reis (de)	reḥla (f)	رحلة
avontuur (het)	moɣamra (f)	مغامرة
tocht (de)	reḥla (f)	رحلة
vakantie (de)	agāza (f)	أجازة
met vakantie zijn	kān fi agāza	كان في أجازة
rust (de)	estrāḥa (f)	إستراحة
trein (de)	qeṭār, 'aṭṭr (m)	قطار
met de trein	bel qeṭār - bel aṭṭr	بالقطار
vliegtuig (het)	ṭayāra (f)	طيّارة
met het vliegtuig	bel ṭayāra	بالطيّارة
met de auto	bel sayāra	بالسيّارة
per schip (bw)	bel safīna	بالسفينة
bagage (de)	el ʃonaṭ (pl)	الشنط
valies (de)	ʃanṭa (f)	شنطة
bagagekarretje (het)	'arabet ʃonaṭ (f)	عربة شنط
paspoort (het)	basbore (m)	باسبور
visum (het)	ta'ʃīra (f)	تأشيرة
kaartje (het)	tazkara (f)	تذكرة
vliegticket (het)	tazkara ṭayarān (f)	تذكرة طيران
reisgids (de)	dalīl (m)	دليل
kaart (de)	xarīṭa (f)	خريطة
gebied (landelijk ~)	mante'a (f)	منطقة
plaats (de)	makān (m)	مكان
exotische bestemming (de)	ɣarāba (f)	غرابة
exotisch (bn)	ɣarīb	غريب
verwonderlijk (bn)	mod-heʃ	مدهش
groep (de)	magmū'a (f)	مجموعة
rondleiding (de)	gawla (f)	جولة
gids (de)	morʃed (m)	مرشد

21. Hotel

hotel (het)	fondo' (m)	فندق
motel (het)	motel (m)	موتيل
3-sterren	talat nogūm	ثلاث نجوم

5-sterren	χamas nogūm	خمس نجوم
overnachten (ww)	nezel	نزل
kamer (de)	oḍa (f)	أوضة
eenpersoonskamer (de)	owḍa le ʃaχṣ wāḥed (f)	أوضة لشخص واحد
tweepersoonskamer (de)	oḍa le ʃaχṣeyn (f)	أوضة لشخصين
een kamer reserveren	ḥagaz owḍa	حجز أوضة
halfpension (het)	wagbeteyn fel yome (du)	وجبتين في اليوم
volpension (het)	talat wagabāt fel yome	ثلاث وجبات في اليوم
met badkamer	bel banyo	بـ البانيو
met douche	bel doʃ	بالدوش
satelliet-tv (de)	televizion be qanawāt faḍā'iya (m)	تليفزيون بقنوات فضائية
airconditioner (de)	takyīf (m)	تكييف
handdoek (de)	fūṭa (f)	فوطة
sleutel (de)	meftāḥ (m)	مفتاح
administrateur (de)	modīr (m)	مدير
kamermeisje (het)	ʿāmela tanḍīf ɣoraf (f)	عاملة تنظيف غرف
piccolo (de)	ʃayāl (m)	شيّال
portier (de)	bawwāb (m)	بوّاب
restaurant (het)	maṭʿam (m)	مطعم
bar (de)	bār (m)	بار
ontbijt (het)	foṭūr (m)	فطور
avondeten (het)	ʿaʃā' (m)	عشاء
buffet (het)	bofeyh (m)	بوفيه
hal (de)	rad-ha (f)	ردهة
lift (de)	asanseyr (m)	اسانسير
NIET STOREN	nargu ʿadam el ezʿāg	نرجو عدم الإزعاج
VERBODEN TE ROKEN!	mamnūʿ el tadχīn	ممنوع التدخين

22. Bezienswaardigheden

monument (het)	temsāl (m)	تمثال
vesting (de)	'alʿa (f)	قلعة
paleis (het)	'aṣr (m)	قصر
kasteel (het)	'alʿa (f)	قلعة
toren (de)	borg (m)	برج
mausoleum (het)	ḍarīḥ (m)	ضريح
architectuur (de)	handasa meʿmāriya (f)	هندسة معمارية
middeleeuws (bn)	men el qorūn el wosṭa	من القرون الوسطى
oud (bn)	ʿatīq	عتيق
nationaal (bn)	waṭany	وطني
bekend (bn)	maʃ-hūr	مشهور
toerist (de)	sā'eḥ (m)	سائح
gids (de)	morʃed (m)	مرشد
rondleiding (de)	gawla (f)	جولة

tonen (ww)	warra	ورّى
vertellen (ww)	ʾāl	قال
vinden (ww)	la'a	لقى
verdwalen (de weg kwijt zijn)	ḍāʿ	ضاع
plattegrond (~ van de metro)	χarīṭa (f)	خريطة
plattegrond (~ van de stad)	χarīṭa (f)	خريطة
souvenir (het)	tezkār (m)	تذكار
souvenirwinkel (de)	maḥal hadāya (m)	محل هدايا
foto's maken	ṣawwar	صوّر
zich laten fotograferen	etṣawwar	إتصوّر

VERVOER

23. Vliegveld

luchthaven (de)	maṭār (m)	مطار
vliegtuig (het)	ṭayāra (f)	طيّارة
luchtvaartmaatschappij (de)	ʃerket ṭayarān (f)	شركة طيران
luchtverkeersleider (de)	marākeb el ḥaraka el gawiya (m)	مراكب الحركة الجويّة
vertrek (het)	moɣadra (f)	مغادرة
aankomst (de)	woṣūl (m)	وصول
aankomen (per vliegtuig)	weṣel	وصل
vertrektijd (de)	wa'ʾt el moɣadra (m)	وقت المغادرة
aankomstuur (het)	wa'ʾt el woṣūl (m)	وقت الوصول
vertraagd zijn (ww)	ta'akχar	تأخّر
vluchtvertraging (de)	ta'aχor el reḥla (m)	تأخّر الرحلة
informatiebord (het)	lawḥet el maʿlomāt (f)	لوحة المعلومات
informatie (de)	esteʿlamāt (pl)	إستعلامات
aankondigen (ww)	aʿlan	أعلن
vlucht (bijv. KLM ~)	reḥlet ṭayarān (f)	رحلة طيران
douane (de)	gamārek (pl)	جمارك
douanier (de)	mowazzaf el gamārek (m)	موظّف الجمارك
douaneaangifte (de)	taṣrīḥ gomroky (m)	تصريح جمركي
invullen (douaneaangifte ~)	mala	ملا
een douaneaangifte invullen	mala el taṣrīḥ	ملأ التصريح
paspoortcontrole (de)	taftīʃ el gawazāt (m)	تفتيش الجوازات
bagage (de)	el ʃonaṭ (pl)	الشنط
handbagage (de)	ʃonaṭ el yad (pl)	شنط اليد
bagagekarretje (het)	ʿarabet ʃonaṭ (f)	عربة شنط
landing (de)	hobūṭ (m)	هبوط
landingsbaan (de)	mamarr el hobūṭ (m)	ممرّ الهبوط
landen (ww)	habaṭ	هبط
vliegtuigtrap (de)	sellem el ṭayāra (m)	سلّم الطيّارة
inchecken (het)	tasgīl (m)	تسجيل
incheckbalie (de)	makān tasgīl (m)	مكان تسجيل
inchecken (ww)	saggel	سجّل
instapkaart (de)	beṭāqet el rokūb (f)	بطاقة الركوب
gate (de)	bawwābet el moɣadra (f)	بوّابة المغادرة
transit (de)	tranzīt (m)	ترانزيت
wachten (ww)	estanna	إستنّى

wachtzaal (de)	ṣālet el moɣadra (f)	صالة المغادرة
begeleiden (uitwuiven)	wadda'	ودّع
afscheid nemen (ww)	wadda'	ودّع

24. Vliegtuig

vliegtuig (het)	ṭayāra (f)	طيّارة
vliegticket (het)	tazkara ṭayarān (f)	تذكرة طيران
luchtvaartmaatschappij (de)	ʃerket ṭayarān (f)	شركة طيران
luchthaven (de)	maṭār (m)	مطار
supersonisch (bn)	χāreq lel ṣote	خارق للصوت
gezagvoerder (de)	kabten (m)	كابتن
bemanning (de)	ṭa'm (m)	طقم
piloot (de)	ṭayār (m)	طيّار
stewardess (de)	moḍīfet ṭayarān (f)	مضيفة طيران
stuurman (de)	mallāḥ (m)	ملاّح
vleugels (mv.)	agneḥa (pl)	أجنحة
staart (de)	deyl (m)	ذيل
cabine (de)	kabīna (f)	كابينة
motor (de)	motore (m)	موتور
landingsgestel (het)	'agalāt el hobūṭ (pl)	عجلات الهبوط
turbine (de)	torbīna (f)	توربينة
propeller (de)	marwaḥa (f)	مروّحة
zwarte doos (de)	mosaggel el ṭayarān (m)	مسجّل الطيران
stuur (het)	moqawwed el ṭayāra (m)	مقوّد الطيّارة
brandstof (de)	woqūd (m)	وقود
veiligheidskaart (de)	beṭā'et el salāma (f)	بطاقة السلامة
zuurstofmasker (het)	mask el oksyʒīn (m)	ماسك الاوكسيجين
uniform (het)	zayī muwaḥḥad (m)	زيّ موحّد
reddingsvest (de)	sotret nagah (f)	سترة نجاة
parachute (de)	baraʃot (m)	باراشوت
opstijgen (het)	eqlā' (m)	إقلاع
opstijgen (ww)	aqla'et	أقلعت
startbaan (de)	modarrag el ṭa'erāṭ (m)	مدرّج الطائرات
zicht (het)	ro'ya (f)	رؤية
vlucht (de)	ṭayarān (m)	طيران
hoogte (de)	ertefā' (m)	إرتفاع
luchtzak (de)	geyb hawā'y (m)	جيب هوائي
plaats (de)	meq'ad (m)	مقعد
koptelefoon (de)	samma'āt ra'siya (pl)	سمّاعات رأسية
tafeltje (het)	ṣeniya qabela lel ṭayī (f)	صينية قابلة للطيّ
venster (het)	ʃebbāk el ṭayāra (m)	شبّاك الطيّارة
gangpad (het)	mamarr (m)	ممرّ

25. Trein

trein (de)	qeṭār, 'aṭṭr (m)	قطار
elektrische trein (de)	qeṭār rokkāb (m)	قطار ركّاب
sneltrein (de)	qeṭār saree' (m)	قطار سريع
diesellocomotief (de)	qāṭeret dīzel (f)	قاطرة ديزل
stoomlocomotief (de)	qāṭera boχariya (f)	قاطرة بخاريّة
rijtuig (het)	'araba (f)	عربة
restauratierijtuig (het)	'arabet el ṭa'ām (f)	عربة الطعام
rails (mv.)	qoḍbān (pl)	قضبان
spoorweg (de)	sekka ḥadīdiya (f)	سكّة حديديّة
dwarsligger (de)	'āreḍa sekket ḥadīd (f)	عارضة سكّة الحديد
perron (het)	raṣīf (m)	رصيف
spoor (het)	χaṭṭ (m)	خطّ
semafoor (de)	semafore (m)	سيمافور
halte (bijv. kleine treinhalte)	maḥaṭṭa (f)	محطّة
machinist (de)	sawwā' (m)	سوّاق
kruier (de)	ʃayāl (m)	شيّال
conducteur (de)	mas'ūl 'arabet el qeṭār (m)	مسؤول عربة القطار
passagier (de)	rākeb (m)	راكب
controleur (de)	kamsary (m)	كمسري
gang (in een trein)	mamarr (m)	ممرّ
noodrem (de)	farāmel el ṭawāre' (pl)	فرامل الطوارئ
coupé (de)	ɣorfa (f)	غرفة
bed (slaapplaats)	serīr (m)	سرير
bovenste bed (het)	serīr 'olwy (m)	سرير علويّ
onderste bed (het)	serīr sofly (m)	سرير سفلي
beddengoed (het)	aɣṭeyet el serīr (pl)	أغطيّة السرير
kaartje (het)	tazkara (f)	تذكرة
dienstregeling (de)	gadwal (m)	جدوّل
informatiebord (het)	lawḥet ma'lomāt (f)	لوحة معلومات
vertrekken (De trein vertrekt ...)	ɣādar	غادر
vertrek (ov. een trein)	moɣadra (f)	مغادرة
aankomen (ov. de treinen)	weṣel	وصل
aankomst (de)	woṣūl (m)	وصول
aankomen per trein	weṣel bel qeṭār	وصل بالقطار
in de trein stappen	rekeb el qeṭār	ركب القطار
uit de trein stappen	nezel men el qeṭār	نزل من القطار
treinwrak (het)	ḥeṭām qeṭār (m)	حطام قطار
ontspoord zijn	χarag 'an χaṭṭ sīru	خرج عن خطّ سيره
stoomlocomotief (de)	qāṭera boχariya (f)	قاطرة بخاريّة
stoker (de)	'aṭʃagy (m)	عطشجي
stookplaats (de)	forn el moḥarrek (m)	فرن المحرّك
steenkool (de)	faḥm (m)	فحم

26. Schip

schip (het)	safīna (f)	سفينة
vaartuig (het)	safīna (f)	سفينة
stoomboot (de)	baχera (f)	باخرة
motorschip (het)	baχera nahriya (f)	باخرة نهرية
lijnschip (het)	safīna seyaḥiya (f)	سفينة سياحيّة
kruiser (de)	ṭarrād safīna baḥariya (m)	طرّاد سفينة بحريّة
jacht (het)	yaχt (m)	يخت
sleepboot (de)	qāṭera baḥariya (f)	قاطرة بحريّة
duwbak (de)	ṣandal (m)	صندل
ferryboot (de)	ʿabbāra (f)	عبّارة
zeilboot (de)	safīna ʃeraʿiya (m)	سفينة شراعيّة
brigantijn (de)	markeb ʃerāʿy (m)	مركب شراعي
ijsbreker (de)	moḥaṭṭemet galīd (f)	محطّمة جليد
duikboot (de)	ɣawwāṣa (f)	غوّاصة
boot (de)	markeb (m)	مركب
sloep (de)	zawraʾ (m)	زورق
reddingssloep (de)	qāreb nagah (m)	قارب نجاة
motorboot (de)	lunʃ (m)	لنش
kapitein (de)	ʾobṭān (m)	قبطان
zeeman (de)	baḥḥār (m)	بحّار
matroos (de)	baḥḥār (m)	بحّار
bemanning (de)	ṭāqem (m)	طاقم
bootsman (de)	rabbān (m)	ربّان
scheepsjongen (de)	ṣaby el safīna (m)	صبي السفينة
kok (de)	ṭabbāχ (m)	طبّاخ
scheepsarts (de)	ṭabīb el safīna (m)	طبيب السفينة
dek (het)	saṭ-ḥ el safīna (m)	سطح السفينة
mast (de)	sāreya (f)	سارية
zeil (het)	ʃerāʿ (m)	شراع
ruim (het)	ʿanbar (m)	عنبر
voorsteven (de)	moʾaddema (m)	مقدّمة
achtersteven (de)	moʾaχeret el safīna (f)	مؤخّرة السفينة
roeispaan (de)	megdāf (m)	مجذاف
schroef (de)	marwaḥa (f)	مروّحة
kajuit (de)	kabīna (f)	كابينة
officierskamer (de)	ɣorfet el ṭaʿām wel rāḥa (f)	غرفة الطعام والراحة
machinekamer (de)	qesm el ʾālāt (m)	قسم الآلات
brug (de)	borg el qeyāda (m)	برج القيادة
radiokamer (de)	ɣorfet el lāselky (f)	غرفة اللاسلكي
radiogolf (de)	mouga (f)	موجة
logboek (het)	segel el safīna (m)	سجل السفينة
verrekijker (de)	monzār (m)	منظار
klok (de)	garas (m)	جرس

vlag (de)	'alam (m)	علم
kabel (de)	ḥabl (m)	حبل
knoop (de)	'o'da (f)	عقدة
leuning (de)	drabzīn saṭ-ḥ el safīna (m)	درابزين سطح السفينة
trap (de)	sellem (m)	سلّم
anker (het)	marsāh (f)	مرساة
het anker lichten	rafa' morsah	رفع مرساة
het anker neerlaten	rasa	رسا
ankerketting (de)	selselet morsah (f)	سلسلة مرساة
haven (bijv. containerhaven)	minā' (m)	ميناء
kaai (de)	marsa (m)	مرسى
aanleggen (ww)	rasa	رسا
wegvaren (ww)	aqla'	أقلع
reis (de)	reḥla (f)	رحلة
cruise (de)	reḥla baḥariya (f)	رحلة بحريّة
koers (de)	masār (m)	مسار
route (de)	ṭarī' (m)	طريق
vaarwater (het)	magra melāḥy (m)	مجرى ملاحيّ
zandbank (de)	meyāh ḍaḥla (f)	مياه ضحلة
stranden (ww)	ganaḥ	جنح
storm (de)	'āṣefa (f)	عاصفة
signaal (het)	eʃara (f)	إشارة
zinken (ov. een boot)	ɣere'	غرق
Man overboord!	sa'aṭ rāgil min el sefīna!	سقط راجل من السفينة!
SOS (noodsignaal)	nedā' eɣāsa (m)	نداء إغاثة
reddingsboei (de)	ṭo'e nagah (m)	طوق نجاة

STAD

27. Stedelijk vervoer

bus, autobus (de)	buṣ (m)	باص
tram (de)	trām (m)	ترام
trolleybus (de)	trolly buṣ (m)	ترولي باص
route (de)	χaṭṭ (m)	خطّ
nummer (busnummer, enz.)	raqam (m)	رقم
rijden met ...	rāḥ be ...	راح بـ ...
stappen (in de bus ~)	rekeb	ركب
afstappen (ww)	nezel men	نزل من
halte (de)	maw'af (m)	موّقف
volgende halte (de)	el maḥaṭṭa el gaya (f)	المحطة الجايّة
eindpunt (het)	'āχer maw'af (m)	آخر موقف
dienstregeling (de)	gadwal (m)	جدّول
wachten (ww)	estanna	إستنّى
kaartje (het)	tazkara (f)	تذكرة
reiskosten (de)	ogra (f)	أجرة
kassier (de)	kaʃier (m)	كاشيير
kaartcontrole (de)	taftīʃ el tazāker (m)	تفتيش التذاكر
controleur (de)	mofatteʃ tazāker (m)	مفتّش تذاكر
te laat zijn (ww)	met'akχer	متأخّر
missen (de bus ~)	ta'akχar	تأخّر
zich haasten (ww)	mesta'gel	مستعجل
taxi (de)	taksi (m)	تاكسي
taxichauffeur (de)	sawwā' taksi (m)	سوّاق تاكسي
met de taxi (bw)	bel taksi	بالتاكسي
taxistandplaats (de)	maw'ef taksi (m)	موّقف تاكسي
een taxi bestellen	kallem taksi	كلّم تاكسي
een taxi nemen	aχad taksi	أخد تاكسي
verkeer (het)	ḥaraket el morūr (f)	حركة المرور
file (de)	zaḥmet el morūr (f)	زحمة المرور
spitsuur (het)	sā'et el zorwa (f)	ساعة الذروة
parkeren (on.ww.)	rakan	ركن
parkeren (ov.ww.)	rakan	ركن
parking (de)	maw'ef el 'arabeyāt (m)	موقف العربيات
metro (de)	metro (m)	مترو
halte (bijv. kleine treinhalte)	maḥaṭṭa (f)	محطّة
de metro nemen	aχad el metro	أخد المترو
trein (de)	qeṭār, 'aṭṭr (m)	قطار
station (treinstation)	maḥaṭṭet qeṭār (f)	محطّة قطار

28. Stad. Het leven in de stad

stad (de)	madīna (f)	مدينة
hoofdstad (de)	ʿāṣema (f)	عاصمة
dorp (het)	qarya (f)	قرية
plattegrond (de)	xarīṭet el madinah (f)	خريطة المدينة
centrum (ov. een stad)	wesṭ el balad (m)	وسط البلد
voorstad (de)	ḍāḥeya (f)	ضاحية
voorstads- (abn)	el ḍawāḥy	الضواحي
randgemeente (de)	aṭrāf el madīna (pl)	أطراف المدينة
omgeving (de)	ḍawāḥy el madīna (pl)	ضواحي المدينة
blok (huizenblok)	ḥayī (m)	حي
woonwijk (de)	ḥayī sakany (m)	حي سكني
verkeer (het)	ḥaraket el morūr (f)	حركة المرور
verkeerslicht (het)	eʃārāt el morūr (pl)	إشارات المرور
openbaar vervoer (het)	wasāʾel el naʾl (pl)	وسائل النقل
kruispunt (het)	taqāṭoʿ (m)	تقاطع
zebrapad (oversteekplaats)	maʿbar (m)	معبر
onderdoorgang (de)	nafaʾ moʃāh (m)	نفق مشاه
oversteken (de straat ~)	ʿabar	عبر
voetganger (de)	māʃy (m)	ماشي
trottoir (het)	raṣīf (m)	رصيف
brug (de)	kobry (m)	كبري
dijk (de)	korneyʃ (m)	كورنيش
fontein (de)	nafūra (f)	نافورة
allee (de)	mamʃa (m)	ممشى
park (het)	ḥadīqa (f)	حديقة
boulevard (de)	bolvār (m)	بولفار
plein (het)	medān (m)	ميدان
laan (de)	ʃāreʿ (m)	شارع
straat (de)	ʃāreʿ (m)	شارع
zijstraat (de)	zoʾāʾ (m)	زقاق
doodlopende straat (de)	ṭarīʾ masdūd (m)	طريق مسدود
huis (het)	beyt (m)	بيت
gebouw (het)	mabna (m)	مبنى
wolkenkrabber (de)	nāṭeḥet sahāb (f)	ناطحة سحاب
gevel (de)	waɣa (f)	واجهة
dak (het)	saʾf (m)	سقف
venster (het)	ʃebbāk (m)	شبّاك
boog (de)	qose (m)	قوس
pilaar (de)	ʿamūd (m)	عمود
hoek (ov. een gebouw)	zawya (f)	زاوية
vitrine (de)	vatrīna (f)	فترينة
gevelreclame (de)	yafṭa, lāfeta (f)	لافتة, يافطة
affiche (de/het)	boster (m)	بوستر
reclameposter (de)	boster eʿlān (m)	بوستر إعلان

aanplakbord (het)	lawḥet e'lanāt (f)	لوحة إعلانات
vuilnis (de/het)	zebāla (f)	زبالة
vuilnisbak (de)	ṣandū' zebāla (m)	صندوق زبالة
afval weggooien (ww)	rama zebāla	رمى زبالة
stortplaats (de)	mazbala (f)	مزبلة
telefooncel (de)	koʃk telefōn (m)	كشك تليفون
straatlicht (het)	'amūd nūr (m)	عمود نور
bank (de)	korsy (m)	كرسي
politieagent (de)	ʃorṭy (m)	شرطي
politie (de)	ʃorṭa (f)	شرطة
zwerver (de)	ʃaḥḥāt (m)	شحّات
dakloze (de)	motaʃarred (m)	متشرّد

29. Stedelijke instellingen

winkel (de)	maḥal (m)	محل
apotheek (de)	ṣaydaliya (f)	صيدليّة
optiek (de)	maḥal naḍḍārāt (m)	محل نضّارات
winkelcentrum (het)	mole (m)	مول
supermarkt (de)	subermarket (m)	سوبرماركت
bakkerij (de)	maχbaz (m)	مخبز
bakker (de)	χabbāz (m)	خبّاز
banketbakkerij (de)	ḥalawāny (m)	حلواني
kruidenier (de)	ba''āla (f)	بقّالة
slagerij (de)	gezāra (f)	جزارة
groentewinkel (de)	dokkān χoḍār (m)	دكّان خضار
markt (de)	sū' (f)	سوق
koffiehuis (het)	'ahwa (f), kaféih (m)	قهوة, كافيه
restaurant (het)	maṭ'am (m)	مطعم
bar (de)	bār (m)	بار
pizzeria (de)	maḥal pizza (m)	محل بيتزا
kapperssalon (de/het)	ṣalone ḥelā'a (m)	صالون حلاقة
postkantoor (het)	maktab el barīd (m)	مكتب البريد
stomerij (de)	dray klīn (m)	دراي كلين
fotostudio (de)	estudio taṣwīr (m)	إستوديو تصوير
schoenwinkel (de)	maḥal gezam (m)	محل جزم
boekhandel (de)	maḥal kotob (m)	محل كتب
sportwinkel (de)	maḥal mostalzamāt reyaḍiya (m)	محل مستلزمات رياضية
kledingreparatie (de)	maḥal χeyāṭet malābes (m)	محل خياطة ملابس
kledingverhuur (de)	ta'gīr malābes rasmiya (m)	تأجير ملابس رسمية
videotheek (de)	maḥal ta'gīr video (m)	محل تأجير فيديو
circus (de/het)	serk (m)	سيرك
dierentuin (de)	ḥadīqet el ḥayawān (f)	حديقة حيوان
bioscoop (de)	sinema (f)	سينما

museum (het)	mat-ḥaf (m)	متحف
bibliotheek (de)	maktaba (f)	مكتبة
theater (het)	masraḥ (m)	مسرح
opera (de)	obra (f)	أوبرا
nachtclub (de)	malha leyly (m)	ملهى ليّلي
casino (het)	kazino (m)	كازينو
moskee (de)	masged (m)	مسجد
synagoge (de)	kenīs (m)	كنيس
kathedraal (de)	katedra'iya (f)	كاتدرائية
tempel (de)	ma'bad (m)	معبد
kerk (de)	kenīsa (f)	كنيسة
instituut (het)	kolliya (m)	كليّة
universiteit (de)	gam'a (f)	جامعة
school (de)	madrasa (f)	مدرسة
gemeentehuis (het)	moqaṭ'a (f)	مقاطعة
stadhuis (het)	baladiya (f)	بلديّة
hotel (het)	fondo' (m)	فندق
bank (de)	bank (m)	بنك
ambassade (de)	safāra (f)	سفارة
reisbureau (het)	ʃerket seyāḥa (f)	شركة سياحة
informatieloket (het)	maktab el este'lāmāt (m)	مكتب الإستعلامات
wisselkantoor (het)	ṣarrāfa (f)	صرّافة
metro (de)	metro (m)	مترو
ziekenhuis (het)	mostaʃfa (m)	مستشفى
benzinestation (het)	maḥaṭṭet banzīn (f)	محطّة بنزين
parking (de)	maw'ef el 'arabeyāt (m)	موقف العربيات

30. Borden

gevelreclame (de)	yafṭa, lāfeta (f)	لافتة, يافطة
opschrift (het)	bayān (m)	بيان
poster (de)	boster (m)	بوستر
wegwijzer (de)	'alāmet (f)	علامة إتجاه
pijl (de)	'alāmet eʃāra (f)	علامة إشارة
waarschuwing (verwittiging)	taḥzīr (m)	تحذير
waarschuwingsbord (het)	lāfetat taḥzīr (f)	لافتة تحذير
waarschuwen (ww)	ḥazzar	حذّر
vrije dag (de)	yome 'oṭla (m)	يوم عطلة
dienstregeling (de)	gadwal (m)	جدوّل
openingsuren (mv.)	aw'āt el 'amal (pl)	أوقات العمل
WELKOM!	ahlan w sahlan!	!أهلاً وسهلا
INGANG	doχūl	دخول
UITGANG	χorūg	خروج
DUWEN	edfa'	إدفع

TREKKEN	es-ḥab	إسحب
OPEN	maftūḥ	مفتوح
GESLOTEN	moɣlaq	مغلق
DAMES	lel sayedāt	للسيدات
HEREN	lel regāl	للرجال
KORTING	χoṣomāt	خصومات
UITVERKOOP	taχfeḍāt	تخفيضات
NIEUW!	gedīd!	جديد!
GRATIS	maggānan	مجّاناً
PAS OP!	entebāh!	إنتباه!
VOLGEBOEKT	koll el amāken maḥgūza	كلّ الأماكن محجوزة
GERESERVEERD	maḥgūz	محجوز
ADMINISTRATIE	edāra	إدارة
ALLEEN VOOR PERSONEEL	lel ʿamelīn faqaṭ	للعاملين فقط
GEVAARLIJKE HOND	eḥzar wogūd kalb	إحذر وجود الكلب
VERBODEN TE ROKEN!	mamnūʿ el tadχīn	ممنوع التدخين
NIET AANRAKEN!	ʿadam el lams	عدم اللمس
GEVAARLIJK	χaṭīr	خطير
GEVAAR	χaṭar	خطر
HOOGSPANNING	tayār ʿāly	تيّار عالي
VERBODEN TE ZWEMMEN	el sebāḥa mamnūʿa	السباحة ممنوعة
BUITEN GEBRUIK	moʿaṭṭal	معطّل
ONTVLAMBAAR	sareeʿ el eʃteʿāl	سريع الإشتعال
VERBODEN	mamnūʿ	ممنوع
DOORGANG VERBODEN	mamnūʿ el morūr	ممنوع المرور
OPGELET PAS GEVERFD	eḥzar ṭelāʾ ɣayr gāf	احذر طلاء غير جاف

31. Winkelen

kopen (ww)	eʃtara	إشترى
aankoop (de)	ḥāga (f)	حاجة
winkelen (ww)	eʃtara	إشترى
winkelen (het)	ʃobbing (m)	شوبينج
open zijn (ov. een winkel, enz.)	maftūḥ	مفتوح
gesloten zijn (ww)	moɣlaq	مغلق
schoeisel (het)	gezam (pl)	جزم
kleren (mv.)	malābes (pl)	ملابس
cosmetica (mv.)	mawād tagmīl (pl)	مواد تجميل
voedingswaren (mv.)	akl (m)	أكل
geschenk (het)	hediya (f)	هديّة
verkoper (de)	bayāʿ (m)	بيّاع
verkoopster (de)	bayāʿa (f)	بيّاعة

kassa (de)	ṣandū' el daf' (m)	صندوق الدفع
spiegel (de)	merāya (f)	مراية
toonbank (de)	manḍada (f)	منضدة
paskamer (de)	ɣorfet el 'eyās (f)	غرفة القياس
aanpassen (ww)	garrab	جرّب
passen (ov. kleren)	nāseb	ناسب
bevallen (prettig vinden)	'agab	عجب
prijs (de)	se'r (m)	سعر
prijskaartje (het)	tiket el se'r (m)	تيكت السعر
kosten (ww)	kallef	كلّف
Hoeveel?	bekām?	بكام؟
korting (de)	χaṣm (m)	خصم
niet duur (bn)	meʃ ɣāly	مش غالي
goedkoop (bn)	reχīṣ	رخيص
duur (bn)	ɣāly	غالي
Dat is duur.	da ɣāly	ده غالي
verhuur (de)	este'gār (m)	إستئجار
huren (smoking, enz.)	est'gar	إستأجر
krediet (het)	e'temān (m)	إئتمان
op krediet (bw)	bel ta'seeṭ	بالتقسيط

KLEDING EN ACCESSOIRES

32. Bovenkleding. Jassen

kleren (mv.)	malābes (pl)	ملابس
bovenkleding (de)	malābes fo'aniya (pl)	ملابس فوقانيّة
winterkleding (de)	malābes ʃetwiya (pl)	ملابس شتويّة
jas (de)	balṭo (m)	بالطو
bontjas (de)	balṭo farww (m)	بالطو فروّ
bontjasje (het)	ʒaket farww (m)	جاكيت فروّ
donzen jas (de)	balṭo maḥʃy rīʃ (m)	بالطو محشي ريش
jasje (bijv. een leren ~)	ʒæket (m)	جاكيت
regenjas (de)	ʒæket lel maṭar (m)	جاكيت للمطر
waterdicht (bn)	wāqy men el maya	واقي من الميّة

33. Heren & dames kleding

overhemd (het)	'amīṣ (m)	قميص
broek (de)	banṭalone (f)	بنطلون
jeans (de)	ʒeans (m)	جينز
colbert (de)	ʒæket (f)	جاكت
kostuum (het)	badla (f)	بدلة
jurk (de)	fostān (m)	فستان
rok (de)	ʒība (f)	جيبة
blouse (de)	bloza (f)	بلوزة
wollen vest (de)	kardigan (m)	كارديجن
blazer (kort jasje)	ʒæket (m)	جاكيت
T-shirt (het)	ti ʃirt (m)	تي شيرت
shorts (mv.)	ʃort (m)	شورت
trainingspak (het)	treneng (m)	ترينج
badjas (de)	robe el ḥammām (m)	روب حمّام
pyjama (de)	beʒāma (f)	بيجاما
sweater (de)	blover (f)	بلوفر
pullover (de)	blover (m)	بلوفر
gilet (het)	vest (m)	فيست
rokkostuum (het)	badlet sahra ṭawīla (f)	بدلة سهرة طويلة
smoking (de)	badla (f)	بدلة
uniform (het)	zayī muwaḥḥad (m)	زيّ موحّد
werkkleding (de)	lebs el ʃoɣl (m)	لبس الشغل
overall (de)	overall (m)	اوفر اول
doktersjas (de)	balṭo (m)	بالطو

34. Kleding. Ondergoed

ondergoed (het)	malābes dāxeliya (pl)	ملابس داخلية
herenslip (de)	sirwāl dāxly rigāly (m)	سروال داخلي رجالّي
slipjes (mv.)	sirwāl dāxly nisā'y (m)	سروال داخلي نسائي
onderhemd (het)	fanella (f)	فانلّا
sokken (mv.)	ʃarāb (m)	شراب
nachthemd (het)	'amīṣ nome (m)	قميص نوم
beha (de)	setyāna (f)	ستيانة
kniekousen (mv.)	ʃarabāt ṭawīla (pl)	شرابات طويلة
panty (de)	klone (m)	كلون
nylonkousen (mv.)	gawāreb (pl)	جوارب
badpak (het)	mayo (m)	مايوه

35. Hoofddeksels

hoed (de)	ṭa'iya (f)	طاقيّة
deukhoed (de)	borneyṭa (f)	برنيطة
honkbalpet (de)	base bāl kāb (m)	بيس بول كاب
kleppet (de)	ṭa'iya mosaṭṭaḥa (f)	طاقيّة مسطحة
baret (de)	bereyh (m)	بيريه
kap (de)	ɣaṭa' (f)	غطاء
panamahoed (de)	qobba'et banama (f)	قبّعة بناما
gebreide muts (de)	ays kāb (m)	آيس كاب
hoofddoek (de)	eʃarb (m)	إيشارب
dameshoed (de)	borneyṭa (f)	برنيطة
veiligheidshelm (de)	xawza (f)	خوذة
veldmuts (de)	kāb (m)	كاب
helm, valhelm (de)	xawza (f)	خوذة
bolhoed (de)	qobba'a (f)	قبّعة
hoge hoed (de)	qobba'a rasmiya (f)	قبّعة رسمية

36. Schoeisel

schoeisel (het)	gezam (pl)	جزم
schoenen (mv.)	gazma (f)	جزمة
vrouwenschoenen (mv.)	gazma (f)	جزمة
laarzen (mv.)	būt (m)	بوت
pantoffels (mv.)	ʃebʃeb (m)	شبشب
sportschoenen (mv.)	kotʃy tennis (m)	كوتشي تنس
sneakers (mv.)	kotʃy (m)	كوتشي
sandalen (mv.)	ṣandal (pl)	صندل
schoenlapper (de)	eskāfy (m)	إسكافي
hiel (de)	ka'b (m)	كعب

paar (een ~ schoenen)	goze (m)	جوز
veter (de)	ʃerī't (m)	شريط
rijgen (schoenen ~)	rabaṭ	ربط
schoenlepel (de)	labbāsa el gazma (f)	لبّاسة الجزمة
schoensmeer (de/het)	warnīʃ el gazma (m)	ورنيش الجزمة

37. Persoonlijke accessoires

handschoenen (mv.)	gwanty (m)	جوانتي
wanten (mv.)	gwanty men ɣeyr aṣābe' (m)	جوانتي من غير أصابع
sjaal (fleece ~)	skarf (m)	سكارف
bril (de)	naḍḍāra (f)	نظّارة
brilmontuur (het)	eṭār (m)	إطار
paraplu (de)	ʃamsiya (f)	شمسيّة
wandelstok (de)	'aṣāya (f)	عصاية
haarborstel (de)	forʃet ʃa'r (f)	فرشة شعر
waaier (de)	marwaḥa (f)	مروّحة
das (de)	karavetta (f)	كرافتة
strikje (het)	bebyona (m)	بيبيونة
bretels (mv.)	ḥammala (f)	حمّالة
zakdoek (de)	mandīl (m)	منديل
kam (de)	meʃṭ (m)	مشط
haarspeldje (het)	dabbūs (m)	دبّوس
schuifspeldje (het)	bensa (m)	بنسة
gesp (de)	bokla (f)	بكلة
broekriem (de)	ḥezām (m)	حزام
draagriem (de)	ḥammalet el ketf (f)	حمّالة الكتف
handtas (de)	ʃanṭa (f)	شنطة
damestas (de)	ʃanṭet yad (f)	شنطة يد
rugzak (de)	ʃanṭet ḍahr (f)	شنطة ظهر

38. Kleding. Diversen

mode (de)	mūḍa (f)	موضة
de mode (bn)	fel moḍa	في الموضة
kledingstilist (de)	moṣammem azyā' (m)	مصمّم أزياء
kraag (de)	yā'a (f)	ياقة
zak (de)	geyb (m)	جيب
zak- (abn)	geyb	جيب
mouw (de)	komm (m)	كمّ
lusje (het)	'elāqa (f)	علّاقة
gulp (de)	lesān (m)	لسان
rits (de)	sosta (f)	سوستة
sluiting (de)	maʃbak (m)	مشبك
knoop (de)	zerr (m)	زرّ

knoopsgat (het)	ʻarwa (f)	عروة
losraken (bijv. knopen)	we'eʻ	وقع
naaien (kleren, enz.)	χayaṭ	خيّط
borduren (ww)	ṭarraz	طرّز
borduursel (het)	taṭrīz (m)	تطريز
naald (de)	ebra (f)	إبرة
draad (de)	χeyṭ (m)	خيط
naad (de)	derz (m)	درز
vies worden (ww)	ettwassaχ	إتّوسّخ
vlek (de)	bo''a (f)	بقعة
gekreukt raken (ov. kleren)	takarmaʃ	تكرمش
scheuren (ov.ww.)	'aṭaʻ	قطع
mot (de)	ʻetta (f)	عثة

39. Persoonlijke verzorging. Schoonheidsmiddelen

tandpasta (de)	maʻgūn asnān (m)	معجون أسنان
tandenborstel (de)	forʃet senān (f)	فرشة أسنان
tanden poetsen (ww)	naḍḍaf el asnān	نظّف الأسنان
scheermes (het)	mūs (m)	موس
scheerschuim (het)	krīm ḥelā'a (m)	كريم حلاقة
zich scheren (ww)	ḥala'	حلق
zeep (de)	ṣabūn (m)	صابون
shampoo (de)	ʃambū (m)	شامبو
schaar (de)	ma'aṣ (m)	مقص
nagelvijl (de)	mabrad (m)	مبرد
nagelknipper (de)	mel'aṭ (m)	ملقط
pincet (het)	mel'aṭ (m)	ملقط
cosmetica (mv.)	mawād tagmīl (pl)	مواد تجميل
masker (het)	mask (m)	ماسك
manicure (de)	monekīr (m)	مونيكير
manicure doen	ʻamal monikīr	عمل مونيكير
pedicure (de)	badikīr (m)	باديكير
cosmetica tasje (het)	ʃanṭet mekyāʒ (f)	شنطة مكياج
poeder (de/het)	bodret weʃ (f)	بودرة وش
poederdoos (de)	ʻelbet bodra (f)	علبة بودرة
rouge (de)	aḥmar χodūd (m)	أحمر خدود
parfum (de/het)	barfān (m)	بارفان
eau de toilet (de)	kolonya (f)	كولونيا
lotion (de)	loʃion (m)	لوشن
eau de cologne (de)	kolonya (f)	كولونيا
oogschaduw (de)	eyeʃadow (m)	ايّ شادو
oogpotlood (het)	koḥl (m)	كحل
mascara (de)	maskara (f)	ماسكارا
lippenstift (de)	rūʒ (m)	روج

nagellak (de)	monekīr (m)	مونيكير
haarlak (de)	mosabbet el ʃa'r (m)	مثبّت الشعر
deodorant (de)	mozīl 'ara' (m)	مزيل عرق
crème (de)	krīm (m)	كريم
gezichtscrème (de)	krīm lel weʃ (m)	كريم للوش
handcrème (de)	krīm eyd (m)	كريم أيد
antirimpelcrème (de)	krīm moḍād lel taga'īd (m)	كريم مضاد للتجاعيد
dagcrème (de)	krīm en nahār (m)	كريم النهار
nachtcrème (de)	krīm el leyl (m)	كريم الليل
dag- (abn)	nahāry	نهاري
nacht- (abn)	layly	ليّلي
tampon (de)	tambon (m)	تانبون
toiletpapier (het)	wara' twalet (m)	ورق تواليت
föhn (de)	seʃwār (m)	سشوار

40. Horloges. Klokken

polshorloge (het)	sā'a (f)	ساعة
wijzerplaat (de)	wag-h el sā'a (m)	وجه الساعة
wijzer (de)	'a'rab el sā'a (m)	عقرب الساعة
metalen horlogeband (de)	ʃerīṭ sā'a ma'daniya (m)	شريط ساعة معدنية
horlogebandje (het)	ʃerīṭ el sā'a (m)	شريط الساعة
batterij (de)	baṭṭariya (f)	بطّاريّة
leeg zijn (ww)	χelṣet	خلصت
batterij vervangen	ɣayar el baṭṭariya	غيّر البطّاريّة
voorlopen (ww)	saba'	سبق
achterlopen (ww)	ta'akχar	تأخّر
wandklok (de)	sā'et ḥeyṭa (f)	ساعة حيطة
zandloper (de)	sā'a ramliya (f)	ساعة رمليّة
zonnewijzer (de)	sā'a ʃamsiya (f)	ساعة شمسيّة
wekker (de)	monabbeh (m)	منبّه
horlogemaker (de)	sa'āty (m)	ساعاتي
repareren (ww)	ṣallaḥ	صلّح

ALLEDAAGSE ERVARING

41. Geld

geld (het)	folūs (pl)	فلوس
ruil (de)	taḥwīl ʿomla (m)	تحويل عملة
koers (de)	seʿr el ṣarf (m)	سعر الصرف
geldautomaat (de)	makinet ṣarrāf ʾāly (f)	ماكينة صرّاف آلي
muntstuk (de)	ʾerʃ (m)	قرش
dollar (de)	dolār (m)	دولار
euro (de)	yoro (m)	يورو
lire (de)	lira (f)	ليرة
Duitse mark (de)	el mark el almāny (m)	المارك الألماني
frank (de)	frank (m)	فرنك
pond sterling (het)	geneyh esterlīny (m)	جنيه استرليني
yen (de)	yen (m)	ين
schuld (geldbedrag)	deyn (m)	دين
schuldenaar (de)	modīn (m)	مدين
uitlenen (ww)	sallef	سلّف
lenen (geld ~)	estalaf	إستلف
bank (de)	bank (m)	بنك
bankrekening (de)	ḥesāb (m)	حساب
storten (ww)	awdaʿ	أودع
op rekening storten	awdaʿ fel ḥesāb	أودّع في الحساب
opnemen (ww)	saḥab men el ḥesāb	سحب من الحساب
kredietkaart (de)	kredit kard (f)	كريدت كارد
baar geld (het)	kāʃ (m)	كاش
cheque (de)	ʃīk (m)	شيك
een cheque uitschrijven	katab ʃīk	كتب شيك
chequeboekje (het)	daftar ʃikāt (m)	دفتر شيكات
portefeuille (de)	maḥfaẓa (f)	محفظة
geldbeugel (de)	maḥfazet fakka (f)	محفظة فكّة
safe (de)	χazzāna (f)	خزّانة
erfgenaam (de)	wāres (m)	وارث
erfenis (de)	werāsa (f)	وراثة
fortuin (het)	sarwa (f)	ثروّة
huur (de)	ʿaʾd el egār (m)	عقد الإيجار
huurprijs (de)	ogret el sakan (f)	أجرة السكن
huren (huis, kamer)	estʾgar	إستأجر
prijs (de)	seʿr (m)	سعر
kostprijs (de)	taman (m)	ثمن

som (de)	mablaɣ (m)	مبلغ
uitgeven (geld besteden)	ṣaraf	صرف
kosten (mv.)	maṣarīf (pl)	مصاريف
bezuinigen (ww)	waffar	وفّر
zuinig (bn)	mowaffer	موفّر
betalen (ww)	dafa'	دفع
betaling (de)	daf' (m)	دفع
wisselgeld (het)	el bā'y (m)	الباقي
belasting (de)	ḍarība (f)	ضريبة
boete (de)	ɣarāma (f)	غرامة
beboeten (bekeuren)	faraḍ ɣarāma	فرض غرامة

42. Post. Postkantoor

postkantoor (het)	maktab el barīd (m)	مكتب البريد
post (de)	el barīd (m)	البريد
postbode (de)	sā'y el barīd (m)	ساعي البريد
openingsuren (mv.)	aw'āt el 'amal (pl)	أوقات العمل
brief (de)	resāla (f)	رسالة
aangetekende brief (de)	resāla mosaggala (f)	رسالة مسجّلة
briefkaart (de)	kart barīdy (m)	كرت بريدي
telegram (het)	barqiya (f)	برقيّة
postpakket (het)	ṭard (m)	طرد
overschrijving (de)	ḥewāla māliya (f)	حوالة مالية
ontvangen (ww)	estalam	إستلم
sturen (zenden)	arsal	أرسل
verzending (de)	ersāl (m)	إرسال
adres (het)	'enwān (m)	عنوان
postcode (de)	raqam el barīd (m)	رقم البريد
verzender (de)	morsel (m)	مرسل
ontvanger (de)	morsel elayh (m)	مرسل إليه
naam (de)	esm (m)	اسم
achternaam (de)	esm el 'a'ela (m)	اسم العائلة
tarief (het)	ta'rīfa (f)	تعريفة
standaard (bn)	'ādy	عادي
zuinig (bn)	mowaffer	موفّر
gewicht (het)	wazn (m)	وزن
afwegen (op de weegschaal)	wazan	وزن
envelop (de)	ẓarf (m)	ظرف
postzegel (de)	ṭābe' (m)	طابع
een postzegel plakken op	alṣaq ṭābe'	ألصق طابع

43. Bankieren

bank (de)	bank (m)	بنك
bankfiliaal (het)	far' (m)	فرع

bankbediende (de)	mowazzaf bank (m)	موظّف بنك
manager (de)	modīr (m)	مدير
bankrekening (de)	ḥesāb bank (m)	حساب بنك
rekeningnummer (het)	raqam el ḥesāb (m)	رقم الحساب
lopende rekening (de)	ḥesāb gāry (m)	حساب جاري
spaarrekening (de)	ḥesāb tawfīr (m)	حساب توفّير
een rekening openen	fataḥ ḥesāb	فتح حساب
de rekening sluiten	'afal ḥesāb	قفل حساب
op rekening storten	awdaʿ fel ḥesāb	أودع في الحساب
opnemen (ww)	saḥab men el ḥesāb	سحب من الحساب
storting (de)	wadeeʿa (f)	وديعة
een storting maken	awdaʿ	أودع
overschrijving (de)	ḥewāla maṣrefiya (f)	حوالة مصرفيّة
een overschrijving maken	ḥawwel	حوّل
som (de)	mablaɣ (m)	مبلغ
Hoeveel?	kām?	كام؟
handtekening (de)	tawqeeʿ (m)	توقيع
ondertekenen (ww)	waqqaʿ	وقّع
kredietkaart (de)	kredit kard (f)	كريدت كارد
code (de)	kōd (m)	كود
kredietkaartnummer (het)	raqam el kredit kard (m)	رقم الكريدت كارد
geldautomaat (de)	makinet ṣarrāf 'āly (f)	ماكينة صرّاف آلي
cheque (de)	ʃīk (m)	شيك
een cheque uitschrijven	katab ʃīk	كتب شيك
chequeboekje (het)	daftar ʃikāt (m)	دفتر شيكات
lening, krediet (de)	qarḍ (m)	قرض
een lening aanvragen	'addem ṭalab ʿala qarḍ	قدّم طلب على قرض
een lening nemen	ḥaṣal ʿala qarḍ	حصل على قرض
een lening verlenen	edda qarḍ	ادّى قرض
garantie (de)	ḍamān (m)	ضمان

44. Telefoon. Telefoongesprek

telefoon (de)	telefon (m)	تليفون
mobieltje (het)	mobile (m)	موبايل
antwoordapparaat (het)	gehāz radd ʿalal mokalmāt (m)	جهاز ردّ على المكالمات
bellen (ww)	ettaṣal	إتّصل
belletje (telefoontje)	mokalma telefoniya (f)	مكالمة تليفونية
een nummer draaien	ettaṣal be raqam	إتّصل برقم
Hallo!	alo!	ألو!
vragen (ww)	sa'al	سأل
antwoorden (ww)	radd	ردّ
horen (ww)	semeʿ	سمع
goed (bw)	kewayes	كويّس

slecht (bw)	meʃ kowayĭs	مش كويّس
storingen (mv.)	taʃwīʃ (m)	تشويش
hoorn (de)	sammāʻa (f)	سمّاعة
opnemen (ww)	rafaʻ el sammāʻa	رفع السمّاعة
ophangen (ww)	ʼafal el sammāʻa	قفل السمّاعة
bezet (bn)	maʃɣūl	مشغول
overgaan (ww)	rann	رن
telefoonboek (het)	dalīl el telefone (m)	دليل التليفون
lokaal (bn)	maḥalliyya	ة محلّيّة
lokaal gesprek (het)	mokalma maḥalliya (f)	مكالمة محلّيّة
interlokaal (bn)	biʻīd	بعيد
interlokaal gesprek (het)	mokalma biʻīda (f)	مكالمة بعيدة المدى
buitenlands (bn)	dowly	دوّلي
buitenlands gesprek (het)	mokalma dowliya (f)	مكالمة دوليّة

45. Mobiele telefoon

mobieltje (het)	mobile (m)	موبايل
scherm (het)	ʻarḍ (m)	عرض
toets, knop (de)	zerr (m)	زر
simkaart (de)	sim kard (m)	سيم كارد
batterij (de)	baṭṭariya (f)	بطّاريّة
leeg zijn (ww)	χelṣet	خلصت
acculader (de)	ʃāḥen (m)	شاحن
menu (het)	qāʼema (f)	قائمة
instellingen (mv.)	awḍāʻ (pl)	أوضاع
melodie (beltoon)	naɣama (f)	نغمة
selecteren (ww)	eχtār	إختار
rekenmachine (de)	ʼāla ḥasba (f)	آلة حاسبة
voicemail (de)	barīd ṣawty (m)	بريد صوتي
wekker (de)	monabbeh (m)	منبّه
contacten (mv.)	gehāt el etteṣāl (pl)	جهات الإتّصال
SMS-bericht (het)	resāla ʼaṣīra ɛsɛmɛs (f)	رسالة قصيرة sms
abonnee (de)	moʃtarek (m)	مشترك

46. Schrijfbehoeften

balpen (de)	ʼalam gāf (m)	قلم جاف
vulpen (de)	ʼalam rīʃa (m)	قلم ريشة
potlood (het)	ʼalam roṣāṣ (m)	قلم رصاص
marker (de)	markar (m)	ماركر
viltstift (de)	ʼalam fulumaster (m)	قلم فلوماستر
notitieboekje (het)	mozakkera (f)	مذكّرة
agenda (boekje)	gadwal el aʻmāl (m)	جدول الأعمال

liniaal (de/het)	masṭara (f)	مسطرة
rekenmachine (de)	'āla ḥasba (f)	آلة حاسبة
gom (de)	astīka (f)	استيكة
punaise (de)	dabbūs (m)	دبّوس
paperclip (de)	dabbūs wara' (m)	دبّوس ورق
lijm (de)	ṣamɣ (m)	صمغ
nietmachine (de)	dabbāsa (f)	دبّاسة
perforator (de)	χarrāma (m)	خرّامة
potloodslijper (de)	barrāya (f)	برّاية

47. Vreemde talen

taal (de)	loɣa (f)	لغة
vreemd (bn)	agnaby	أجنبيّ
vreemde taal (de)	loɣa agnabiya (f)	لغة أجنبية
leren (bijv. van buiten ~)	daras	درس
studeren (Nederlands ~)	ta'allam	تعلّم
lezen (ww)	'ara	قرأ
spreken (ww)	kallem	كلّم
begrijpen (ww)	fehem	فهم
schrijven (ww)	katab	كتب
snel (bw)	bosor'a	بسرعة
langzaam (bw)	bo boṭ'	ببطء
vloeiend (bw)	beṭalāqa	بطلاقة
regels (mv.)	qawā'ed (pl)	قواعد
grammatica (de)	el naḥw wel ṣarf (m)	النحو والصرف
vocabulaire (het)	mofradāt el loɣa (pl)	مفردات اللغة
fonetiek (de)	ṣawtīāt (pl)	صوتيات
leerboek (het)	ketāb ta'līm (m)	كتاب تعليم
woordenboek (het)	qamūs (m)	قاموس
leerboek (het) voor zelfstudie	ketāb ta'līm zāty (m)	كتاب تعليم ذاتي
taalgids (de)	ketāb lel 'ebarāt el ʃā'e'a (m)	كتاب للعبارت الشائعة
cassette (de)	kasett (m)	كاسيت
videocassette (de)	ʃerī'ṭ video (m)	شريط فيديو
CD (de)	sidī (m)	سي دي
DVD (de)	dividī (m)	دي في دي
alfabet (het)	abgadiya (f)	أبجدية
spellen (ww)	tahagga	تهجّى
uitspraak (de)	noṭ' (m)	نطق
accent (het)	lahga (f)	لهجة
met een accent (bw)	be lahga	بـ لهجة
zonder accent (bw)	men ɣeyr lahga	من غير لهجة
woord (het)	kelma (f)	كلمة
betekenis (de)	ma'na (m)	معنى
cursus (de)	dawra (f)	دورة

zich inschrijven (ww)	saggel esmo	سجّل إسمه
leraar (de)	modarres (m)	مدرّس
vertaling (een ~ maken)	targama (f)	ترجمة
vertaling (tekst)	targama (f)	ترجمة
vertaler (de)	motargem (m)	مترجم
tolk (de)	motargem fawwry (m)	مترجم فوّري
polyglot (de)	ʿalīm beʿeddet loɣāt (m)	عليم بعدّة لغات
geheugen (het)	zākera (f)	ذاكرة

MAALTIJDEN. RESTAURANT

48. Tafelschikking

lepel (de)	maʻlaʼa (f)	معلقة
mes (het)	sekkīna (f)	سكّينة
vork (de)	ʃawka (f)	شوكة
kopje (het)	fengān (m)	فنجان
bord (het)	ṭabaʼ (m)	طبق
schoteltje (het)	ṭabaʼ fengān (m)	طبق فنجان
servet (het)	mandīl waraʼ (m)	منديل ورق
tandenstoker (de)	χallet senān (f)	خلة سنان

49. Restaurant

restaurant (het)	maṭʻam (m)	مطعم
koffiehuis (het)	ʼahwa (f), kaféih (m)	قهوة, كافيه
bar (de)	bār (m)	بار
tearoom (de)	ṣalone ʃāy (m)	صالون شاي
kelner, ober (de)	garsone (m)	جرسون
serveerster (de)	garsona (f)	جرسونة
barman (de)	bārman (m)	بارمان
menu (het)	qāʼemet el ṭaʻām (f)	قائمة طعام
wijnkaart (de)	qāʼemet el χomūr (f)	قائمة خمور
een tafel reserveren	ḥagaz sofra	حجز سفرة
gerecht (het)	wagba (f)	وجبة
bestellen (eten ~)	ṭalab	طلب
een bestelling maken	ṭalab	طلب
aperitief (de/het)	ʃarāb (m)	شراب
voorgerecht (het)	moqabbelāt (pl)	مقبّلات
dessert (het)	ḥalawīāt (pl)	حلويّات
rekening (de)	ḥesāb (m)	حساب
de rekening betalen	dafaʻ el ḥesāb	دفع الحساب
wisselgeld teruggeven	edda el bāʼy	ادّي الباقي
fooi (de)	baʼʃīʃ (m)	بقشيش

50. Maaltijden

eten (het)	akl (m)	أكل
eten (ww)	akal	أكل

ontbijt (het)	foṭūr (m)	فطور
ontbijten (ww)	feṭer	فطر
lunch (de)	ɣada' (m)	غداء
lunchen (ww)	etɣadda	إتغدّى
avondeten (het)	'aʃā' (m)	عشاء
souperen (ww)	et'asʃa	إتعشّى
eetlust (de)	ʃahiya (f)	شهيّة
Eet smakelijk!	bel hana wel ʃefa!	!بالهنا والشفا
openen (een fles ~)	fataḥ	فتح
morsen (koffie, enz.)	dala'	دلق
zijn gemorst	dala'	دلق
koken (water kookt bij 100°C)	ɣely	غلى
koken (Hoe om water te ~)	ɣely	غلى
gekookt (~ water)	maɣly	مغلي
afkoelen (koeler maken)	barrad	برّد
afkoelen (koeler worden)	barrad	برّد
smaak (de)	ṭa'm (m)	طعم
nasmaak (de)	ṭa'm ma ba'd el mazāq (m)	طعم ما بعد المذاق
volgen een dieet	χass	خسّ
dieet (het)	reʒīm (m)	رجيم
vitamine (de)	vitamīn (m)	فيتامين
calorie (de)	so'ra ḥarāriya (f)	سعرة حراريّة
vegetariër (de)	nabāty (m)	نباتي
vegetarisch (bn)	nabāty	نباتي
vetten (mv.)	dohūn (pl)	دهون
eiwitten (mv.)	brotenāt (pl)	بروتينات
koolhydraten (mv.)	naʃawīāt (pl)	نشويّات
snede (de)	ʃarīḥa (f)	شريحة
stuk (bijv. een ~ taart)	'eṭ'a (f)	قطعة
kruimel (de)	fattāta (f)	فتاتة

51. Bereide gerechten

gerecht (het)	wagba (f)	وجبة
keuken (bijv. Franse ~)	maṭbaχ (m)	مطبخ
recept (het)	waṣfa (f)	وصفة
portie (de)	naṣīb (m)	نصيب
salade (de)	solṭa (f)	سلطة
soep (de)	ʃorba (f)	شوربة
bouillon (de)	mara'a (m)	مرقة
boterham (de)	sandawitʃ (m)	ساندويتش
spiegelei (het)	beyḍ ma'ly (m)	بيض مقلي
hamburger (de)	hamburger (m)	هامبورجر
biefstuk (de)	steak laḥm (m)	ستيك لحم
garnering (de)	ṭaba' gāneby (m)	طبق جانبي

spaghetti (de)	spaɣetti (m)	سباجيتي
aardappelpuree (de)	baṭāṭes mahrūsa (f)	بطاطس مهروسة
pizza (de)	bītza (f)	بيتزا
pap (de)	ʿaṣīda (f)	عصيدة
omelet (de)	omlette (m)	اومليت
gekookt (in water)	maslūʾ	مسلوق
gerookt (bn)	modakχen	مدخّن
gebakken (bn)	maʾly	مقلي
gedroogd (bn)	mogaffaf	مجفّف
diepvries (bn)	mogammad	مجمّد
gemarineerd (bn)	meχallel	مخلّل
zoet (bn)	mesakkar	مسكّر
gezouten (bn)	māleḥ	مالح
koud (bn)	bāred	بارد
heet (bn)	soχn	سخن
bitter (bn)	morr	مرّ
lekker (bn)	ḥelw	حلو
koken (in kokend water)	salaʾ	سلق
bereiden (avondmaaltijd ~)	ḥaḍḍar	حضّر
bakken (ww)	ʾala	قلي
opwarmen (ww)	sakχan	سخّن
zouten (ww)	rasʃ malḥ	رشّ ملح
peperen (ww)	rasʃ felfel	رشّ فلفل
raspen (ww)	baraʃ	برش
schil (de)	ʾeʃra (f)	قشرة
schillen (ww)	ʾasʃar	قشّر

52. Voedsel

vlees (het)	laḥma (f)	لحمة
kip (de)	ferāχ (m)	فراخ
kuiken (het)	farrūg (m)	فرّوج
eend (de)	baṭṭa (f)	بطّة
gans (de)	wezza (f)	وزّة
wild (het)	ṣeyd (m)	صيد
kalkoen (de)	dīk rūmy (m)	ديك رومي
varkensvlees (het)	laḥm el χanazīr (m)	لحم الخنزير
kalfsvlees (het)	laḥm el ʿegl (m)	لحم العجل
schapenvlees (het)	laḥm ḍāny (m)	لحم ضاني
rundvlees (het)	laḥm baqary (m)	لحم بقري
konijnenvlees (het)	laḥm arāneb (m)	لحم أرانب
worst (de)	sogoʾʾ (m)	سجق
saucijs (de)	sogoʾʾ (m)	سجق
spek (het)	bakon (m)	بيكون
ham (de)	hām(m)	هام
gerookte achterham (de)	faχd χanzīr (m)	فخد خنزير
paté (de)	maʿgūn laḥm (m)	معجون لحم
lever (de)	kebda (f)	كبدة

gehakt (het)	hamburger (m)	هامبورجر
tong (de)	lesān (m)	لسان
ei (het)	beyḍa (f)	بيضة
eieren (mv.)	beyḍ (m)	بيض
eiwit (het)	bayāḍ el beyḍ (m)	بياض البيض
eigeel (het)	ṣafār el beyḍ (m)	صفار البيض
vis (de)	samak (m)	سمك
zeevruchten (mv.)	sīfūd (pl)	سي فود
kaviaar (de)	kaviar (m)	كافيار
krab (de)	kaboria (m)	كابوريا
garnaal (de)	gammbary (m)	جمّبري
oester (de)	maḥār (m)	محار
langoest (de)	estakoza (m)	استاكوزا
octopus (de)	aχṭabūṭ (m)	أخطبوط
inktvis (de)	kalmāry (m)	كالماري
steur (de)	samak el ḥaff (m)	سمك الحفش
zalm (de)	salamon (m)	سلمون
heilbot (de)	samak el halbūt (m)	سمك الهلبوت
kabeljauw (de)	samak el qadd (m)	سمك القد
makreel (de)	makerel (m)	ماكريل
tonijn (de)	tuna (f)	تونة
paling (de)	ḥankalīs (m)	حنكليس
forel (de)	salamon mera''aṭ (m)	سلمون مرقّط
sardine (de)	sardīn (m)	سردين
snoek (de)	samak el karāky (m)	سمك الكراكي
haring (de)	renga (f)	رنجة
brood (het)	ʻeyʃ (m)	عيش
kaas (de)	gebna (f)	جبنة
suiker (de)	sokkar (m)	سكّر
zout (het)	melḥ (m)	ملح
rijst (de)	rozz (m)	رزّ
pasta (de)	makaruna (f)	مكرونة
noedels (mv.)	nūdles (f)	نودلز
boter (de)	zebda (f)	زبدة
plantaardige olie (de)	zeyt (m)	زيت
zonnebloemolie (de)	zeyt ʻabbād el ʃams (m)	زيت عبّاد الشمس
margarine (de)	margarīn (m)	مارجرين
olijven (mv.)	zaytūn (m)	زيتون
olijfolie (de)	zeyt el zaytūn (m)	زيت الزيتون
melk (de)	laban (m)	لبن
gecondenseerde melk (de)	ḥalīb mokassaf (m)	حليب مكثّف
yoghurt (de)	zabādy (m)	زبادي
zure room (de)	kreyma ḥamḍa (f)	كريمة حامضة
room (de)	krīma (f)	كريمة
mayonaise (de)	mayonnɛ:z (m)	مايونيز

crème (de)	krīmet zebda (f)	كريمة زبدة
graan (het)	ḥobūb 'amḥ (pl)	حبوب قمح
meel (het), bloem (de)	de'ī' (m)	دقيق
conserven (mv.)	mo'allabāt (pl)	معلّبات
maïsvlokken (mv.)	korn fleks (m)	كورن فليكس
honing (de)	'asal (m)	عسل
jam (de)	mrabba (m)	مربّى
kauwgom (de)	lebān (m)	لبان

53. Drankjes

water (het)	meyāh (f)	مياه
drinkwater (het)	mayet ʃorb (m)	ميّة شرب
mineraalwater (het)	maya ma'daniya (f)	ميّة معدنية
zonder gas	rakeda	راكدة
koolzuurhoudend (bn)	kanz	كانز
bruisend (bn)	kanz	كانز
ijs (het)	talg (m)	ثلج
met ijs	bel talg	بالتلج
alcohol vrij (bn)	men ɣeyr koḥūl	من غير كحول
alcohol vrije drank (de)	maʃrūb ɣāzy (m)	مشروب غازي
frisdrank (de)	ḥāga sa''a (f)	حاجة ساقعة
limonade (de)	limonāta (f)	ليموناتة
alcoholische dranken (mv.)	maʃrūbāt koḥūliya (pl)	مشروبات كحولية
wijn (de)	χamra (f)	خمرة
witte wijn (de)	nebīz abyaḍ (m)	نبيذ أبيض
rode wijn (de)	nebī aḥmar (m)	نبيذ أحمر
likeur (de)	liqure (m)	ليكيور
champagne (de)	ʃambania (f)	شمبانيا
vermout (de)	vermote (m)	فيرموت
whisky (de)	wiski (m)	ويسكي
wodka (de)	vodka (f)	فودكا
gin (de)	ʒin (m)	جين
cognac (de)	konyāk (m)	كونياك
rum (de)	rum (m)	رم
koffie (de)	'ahwa (f)	قهوة
zwarte koffie (de)	'ahwa sāda (f)	قهوة سادة
koffie (de) met melk	'ahwa bel ḥalīb (f)	قهوة بالحليب
cappuccino (de)	kaputʃino (m)	كابتشينو
oploskoffie (de)	neskafe (m)	نيسكافيه
melk (de)	laban (m)	لبن
cocktail (de)	koktayl (m)	كوكتيل
milkshake (de)	milk ʃejk (m)	ميلك شيك
sap (het)	'aṣīr (m)	عصير
tomatensap (het)	'aṣīr ṭamāṭem (m)	عصير طماطم

sinaasappelsap (het)	ʻaṣīr bortoqāl (m)	عصير برتقال
vers geperst sap (het)	ʻaṣīr freʃ (m)	عصير فريش
bier (het)	bīra (f)	بيرة
licht bier (het)	bīra χafīfa (f)	بيرة خفيفة
donker bier (het)	bīra ɣamʼa (f)	بيرة غامقة
thee (de)	ʃāy (m)	شاي
zwarte thee (de)	ʃāy aḥmar (m)	شاي أحمر
groene thee (de)	ʃāy aχḍar (m)	شاي أخضر

54. Groenten

groenten (mv.)	χoḍār (pl)	خضار
verse kruiden (mv.)	χoḍrawāt waraqiya (pl)	خضروات ورقية
tomaat (de)	ṭamāṭem (f)	طماطم
augurk (de)	χeyār (m)	خيار
wortel (de)	gazar (m)	جزر
aardappel (de)	baṭāṭes (f)	بطاطس
ui (de)	baṣal (m)	بصل
knoflook (de)	tūm (m)	ثوم
kool (de)	koronb (m)	كرنب
bloemkool (de)	ʼarnabīṭ (m)	قرنبيط
spruitkool (de)	koronb broksel (m)	كرنب بروكسل
broccoli (de)	brokkoli (m)	بركولي
rode biet (de)	bangar (m)	بنجر
aubergine (de)	bātengān (m)	باذنجان
courgette (de)	kōsa (f)	كوسة
pompoen (de)	qarʻ ʻasaly (m)	قرع عسلي
raap (de)	left (m)	لفت
peterselie (de)	baʼdūnes (m)	بقدونس
dille (de)	ʃabat (m)	شبت
sla (de)	χass (m)	خسّ
selderij (de)	karfas (m)	كرفس
asperge (de)	helione (m)	هليون
spinazie (de)	sabāneχ (m)	سبانخ
erwt (de)	besella (f)	بسلّة
bonen (mv.)	fūl (m)	فول
maïs (de)	dora (f)	ذرة
boon (de)	faṣolya (f)	فاصوليا
peper (de)	felfel (m)	فلفل
radijs (de)	fegl (m)	فجل
artisjok (de)	χarʃūf (m)	خرشوف

55. Vruchten. Noten

vrucht (de)	faχa (f)	فاكهة
appel (de)	toffāḥa (f)	تفّاحة

peer (de)	komettra (f)	كمّثرى
citroen (de)	lymūn (m)	ليمون
sinaasappel (de)	bortoqāl (m)	برتقال
aardbei (de)	farawla (f)	فراولة
mandarijn (de)	yosfy (m)	يوسفي
pruim (de)	bar'ū' (m)	برقوق
perzik (de)	χawχa (f)	خوخة
abrikoos (de)	meʃmeʃ (f)	مشمش
framboos (de)	tūt el 'alī' el aḥmar (m)	توت العليق الأحمر
ananas (de)	ananās (m)	أناناس
banaan (de)	moze (m)	موز
watermeloen (de)	baṭṭīχ (m)	بطّيخ
druif (de)	'enab (m)	عنب
kers (de)	karaz (m)	كرز
meloen (de)	ʃammām (f)	شمّام
grapefruit (de)	grabe frūt (m)	جريب فروت
avocado (de)	avokado (f)	افوكاتو
papaja (de)	babāya (m)	ببايا
mango (de)	manga (m)	مانجة
granaatappel (de)	rommān (m)	رمان
rode bes (de)	keʃmeʃ aḥmar (m)	كشمش أحمر
zwarte bes (de)	keʃmeʃ aswad (m)	كشمش أسود
kruisbes (de)	'enab el sa'lab (m)	عنب الثعلب
bosbes (de)	'enab al aḥrāg (m)	عنب الأحراج
braambes (de)	tūt aswad (m)	توت أسود
rozijn (de)	zebīb (m)	زبيب
vijg (de)	tīn (m)	تين
dadel (de)	tamr (m)	تمر
pinda (de)	fūl sudāny (m)	فول سوداني
amandel (de)	loze (m)	لوز
walnoot (de)	'eyn gamal (f)	عين الجمل
hazelnoot (de)	bondo' (m)	بندق
kokosnoot (de)	goze el hend (m)	جوز هند
pistaches (mv.)	fosto' (m)	فستق

56. Brood. Snoep

suikerbakkerij (de)	ḥalawīāt (pl)	حلويّات
brood (het)	'eyʃ (m)	عيش
koekje (het)	baskawīt (m)	بسكويت
chocolade (de)	ʃokolāta (f)	شكولاتة
chocolade- (abn)	bel ʃokolāṭa	بالشكولاتة
snoepje (het)	bonbony (m)	بونبوني
cakeje (het)	keyka (f)	كيكة
taart (bijv. verjaardags~)	torta (f)	تورتة
pastei (de)	feṭīra (f)	فطيرة
vulling (de)	ḥaʃwa (f)	حشوة

confituur (de)	mrabba (m)	مربّى
marmelade (de)	marmalād (f)	مرملاد
wafel (de)	waffles (pl)	وافلز
ijsje (het)	'ays krīm (m)	آيس كريم
pudding (de)	būding (m)	بودنج

57. Kruiden

zout (het)	melḥ (m)	ملح
gezouten (bn)	māleḥ	مالِح
zouten (ww)	rasʃ malḥ	رش ملح
zwarte peper (de)	felfel aswad (m)	فلفل أسوّد
rode peper (de)	felfel aḥmar (m)	فلفل أحمر
mosterd (de)	mosṭarda (m)	مسطردة
mierikswortel (de)	fegl ḥār (m)	فجل حار
condiment (het)	bahār (m)	بهار
specerij, kruiderij (de)	bahār (m)	بهار
saus (de)	ṣalṣa (f)	صلصة
azijn (de)	χall (m)	خلّ
anijs (de)	yansūn (m)	ينسون
basilicum (de)	rīḥān (m)	ريحان
kruidnagel (de)	'oronfol (m)	قرنفل
gember (de)	zangabīl (m)	زنجبيل
koriander (de)	kozbora (f)	كزبرة
kaneel (de/het)	'erfa (f)	قرفة
sesamzaad (het)	semsem (m)	سمسم
laurierblad (het)	wara' el ɣār (m)	ورق الغار
paprika (de)	babrika (f)	بابريكا
komijn (de)	karawya (f)	كراوية
saffraan (de)	za'farān (m)	زعفران

PERSOONLIJKE INFORMATIE. FAMILIE

58. Persoonlijke informatie. Formulieren

naam (de)	esm (m)	اسم
achternaam (de)	esm el ʿa'ela (m)	اسم العائلة
geboortedatum (de)	tarīχ el melād (m)	تاريخ الميلاد
geboorteplaats (de)	makān el melād (m)	مكان الميلاد
nationaliteit (de)	gensiya (f)	جنسيّة
woonplaats (de)	maqarr el eqāma (m)	مقرّ الإقامة
land (het)	balad (m)	بلد
beroep (het)	mehna (f)	مهنة
geslacht (ov. het vrouwelijk ~)	ginss (m)	جنس
lengte (de)	ṭūl (m)	طول
gewicht (het)	wazn (m)	وزن

59. Familieleden. Verwanten

moeder (de)	walda (f)	والدة
vader (de)	wāled (m)	والد
zoon (de)	walad (m)	ولد
dochter (de)	bent (f)	بنت
jongste dochter (de)	el bent el saɣīra (f)	البنت الصغيرة
jongste zoon (de)	el ebn el saɣīr (m)	الابن الصغير
oudste dochter (de)	el bent el kebīra (f)	البنت الكبيرة
oudste zoon (de)	el ebn el kabīr (m)	الابن الكبير
broer (de)	aχ (m)	أخ
oudere broer (de)	el aχ el kibīr (m)	الأخ الكبير
jongere broer (de)	el aχ el ṣoɣeyyir (m)	الأخ الصغير
zuster (de)	oχt (f)	أخت
oudere zuster (de)	el uχt el kibīra (f)	الأخت الكبيرة
jongere zuster (de)	el uχt el ṣoɣeyyira (f)	الأخت الصغيرة
neef (zoon van oom, tante)	ibn ʿamm (m), ibn χāl (m)	إبن عمّ, إبن خال
nicht (dochter van oom, tante)	bint ʿamm (f), bint χāl (f)	بنت عمّ, بنت خال
mama (de)	mama (f)	ماما
papa (de)	baba (m)	بابا
ouders (mv.)	waldeyn (du)	والدين
kind (het)	ṭefl (m)	طفل
kinderen (mv.)	aṭfāl (pl)	أطفال
oma (de)	gedda (f)	جدّة
opa (de)	gadd (m)	جدّ

kleinzoon (de)	ḥafīd (m)	حفيد
kleindochter (de)	ḥafīda (f)	حفيدة
kleinkinderen (mv.)	aḥfād (pl)	أحفاد
oom (de)	'amm (m), χāl (m)	عمّ, خال
tante (de)	'amma (f), χāla (f)	عمّة, خالة
neef (zoon van broer, zus)	ibn el aχ (m), ibn el uχt (m)	إبن الأخ, إبن الأخت
nicht (dochter van broer, zus)	bint el aχ (f), bint el uχt (f)	بنت الأخ, بنت الأخت
schoonmoeder (de)	ḥamah (f)	حماة
schoonvader (de)	ḥama (m)	حما
schoonzoon (de)	goze el bent (m)	جوز البنت
stiefmoeder (de)	merāt el abb (f)	مرات الأب
stiefvader (de)	goze el omm (m)	جوز الأم
zuigeling (de)	ṭefl raḍee' (m)	طفل رضيع
wiegenkind (het)	mawlūd (m)	موّلود
kleuter (de)	walad ṣaɣīr (m)	ولد صغير
vrouw (de)	goza (f)	جوزة
man (de)	goze (m)	جوز
echtgenoot (de)	goze (m)	جوز
echtgenote (de)	goza (f)	جوزة
gehuwd (mann.)	metgawwez	متجوّز
gehuwd (vrouw.)	metgawweza	متجوّزة
ongehuwd (mann.)	a'zab	أعزب
vrijgezel (de)	a'zab (m)	أعزب
gescheiden (bn)	moṭallaq (m)	مطلّق
weduwe (de)	armala (f)	أرملة
weduwnaar (de)	armal (m)	أرمل
familielid (het)	'arīb (m)	قريب
dichte familielid (het)	nesīb 'arīb (m)	نسيب قريب
verre familielid (het)	nesīb be'īd (m)	نسيب بعيد
familieleden (mv.)	aqāreb (pl)	أقارب
wees (de), weeskind (het)	yatīm (m)	يتيم
voogd (de)	walyī amr (m)	وليّ أمر
adopteren (een jongen te ~)	tabanna	تبنّى
adopteren (een meisje te ~)	tabanna	تبنّى

60. Vrienden. Collega's

vriend (de)	ṣadīq (m)	صديق
vriendin (de)	ṣadīqa (f)	صديقة
vriendschap (de)	ṣadāqa (f)	صداقة
bevriend zijn (ww)	ṣādaq	صادق
makker (de)	ṣāḥeb (m)	صاحب
vriendin (de)	ṣaḥba (f)	صاحبة
partner (de)	rafī' (m)	رفيق
chef (de)	ra'īs (m)	رئيس
baas (de)	el arfa' maqāman (m)	الأرفع مقاماً

eigenaar (de)	ṣāḥib (m)	صاحب
ondergeschikte (de)	tābe‘ (m)	تابع
collega (de)	zamīl (m)	زميل
kennis (de)	ma‘refa (m)	معرفة
medereiziger (de)	rafī’ safar (m)	رفيق سفر
klasgenoot (de)	zamīl fel ṣaff (m)	زميل في الصفّ
buurman (de)	gār (m)	جار
buurvrouw (de)	gāra (f)	جارة
buren (mv.)	gerān (pl)	جيران

MENSELIJK LICHAAM. GENEESKUNDE

61. Hoofd

hoofd (het)	ra'ʾs (m)	رأس
gezicht (het)	weʃ (m)	وش
neus (de)	manaχīr (m)	مناخير
mond (de)	boʾ (m)	بوء
oog (het)	ʿeyn (f)	عين
ogen (mv.)	ʿoyūn (pl)	عيون
pupil (de)	ḥadʾa (f)	حدقة
wenkbrauw (de)	ḥāgeb (m)	حاجب
wimper (de)	remʃ (m)	رمش
ooglid (het)	gefn (m)	جفن
tong (de)	lesān (m)	لسان
tand (de)	senna (f)	سنّة
lippen (mv.)	ʃafāyef (pl)	شفايف
jukbeenderen (mv.)	ʿaḍmet el χadd (f)	عضمة الخدّ
tandvlees (het)	lassa (f)	لثّة
gehemelte (het)	ḥanak (m)	حنك
neusgaten (mv.)	manaχer (pl)	مناخر
kin (de)	daʾʾn (m)	دقن
kaak (de)	fakk (m)	فكّ
wang (de)	χadd (m)	خدّ
voorhoofd (het)	gabha (f)	جبهة
slaap (de)	ṣedɣ (m)	صدغ
oor (het)	wedn (f)	ودن
achterhoofd (het)	ʾafa (m)	قفا
hals (de)	raʾaba (f)	رقبة
keel (de)	zore (m)	زور
haren (mv.)	ʃaʿr (m)	شعر
kapsel (het)	tasrīḥa (f)	تسريحة
haarsnit (de)	tasrīḥa (f)	تسريحة
pruik (de)	barūka (f)	باروكة
snor (de)	ʃanab (pl)	شنب
baard (de)	leḥya (f)	لحية
dragen (een baard, enz.)	ʿando	عنده
vlecht (de)	ḍefīra (f)	ضفيرة
bakkebaarden (mv.)	sawālef (pl)	سوالف
ros (roodachtig, rossig)	aḥmar el ʃaʿr	أحمر الشعر
grijs (~ haar)	ʃaʿr abyaḍ	شعر أبيض
kaal (bn)	aṣlaʿ	أصلع
kale plek (de)	ṣalaʿ (m)	صلع

paardenstaart (de)	deyl ḥoṣān (m)	ديل حصان
pony (de)	'oṣṣa (f)	قصّة

62. Menselijk lichaam

hand (de)	yad (m)	يد
arm (de)	derā' (f)	دراع
vinger (de)	ṣobā' (m)	صباع
teen (de)	ṣobā' el 'adam (m)	صباع القدم
duim (de)	ebhām (m)	إبهام
pink (de)	χonṣor (m)	خنصر
nagel (de)	ḍefr (m)	ضفر
vuist (de)	qabḍa (f)	قبضة
handpalm (de)	kaff (f)	كفّ
pols (de)	me'ṣam (m)	معصم
voorarm (de)	sā'ed (m)	ساعد
elleboog (de)	kū' (m)	كوع
schouder (de)	ketf (f)	كتف
been (rechter ~)	regl (f)	رجل
voet (de)	qadam (f)	قدم
knie (de)	rokba (f)	ركبة
kuit (de)	semmāna (f)	سمّانة
heup (de)	faχd (f)	فخد
hiel (de)	ka'b (m)	كعب
lichaam (het)	gesm (m)	جسم
buik (de)	baṭn (m)	بطن
borst (de)	ṣedr (m)	صدر
borst (de)	sady (m)	ثدي
zijde (de)	ganb (m)	جنب
rug (de)	ḍahr (m)	ضهر
lage rug (de)	asfal el ḍahr (m)	أسفل الضهر
taille (de)	wesṭ (f)	وسط
navel (de)	sorra (f)	سرّة
billen (mv.)	ardāf (pl)	أرداف
achterwerk (het)	debr (m)	دبر
huidvlek (de)	ʃāma (f)	شامة
moedervlek (de)	waḥma	وحمة
tatoeage (de)	waʃm (m)	وشم
litteken (het)	nadba (f)	ندبة

63. Ziekten

ziekte (de)	maraḍ (m)	مرض
ziek zijn (ww)	mereḍ	مرض
gezondheid (de)	ṣeḥḥa (f)	صحّة
snotneus (de)	raʃ-ḥ fel anf (m)	رشح في الأنف

angina (de)	eltehāb el lawzateyn (m)	إلتهاب اللوزتين
verkoudheid (de)	zokām (m)	زكام
verkouden raken (ww)	gālo bard	جاله برد
bronchitis (de)	eltehāb ʃoʿaby (m)	إلتهاب شعبيّ
longontsteking (de)	eltehāb raʾawy (m)	إلتهاب رئوي
griep (de)	influenza (f)	إنفلونزا
bijziend (bn)	ʾaṣīr el naẓar	قصير النظر
verziend (bn)	beʿīd el naẓar	بعيد النظر
scheelheid (de)	ḥawal (m)	حوَل
scheel (bn)	aḥwal	أحوَل
grauwe staar (de)	katarakt (f)	كاتاراكت
glaucoom (het)	glawkoma (f)	جلوكوما
beroerte (de)	sakta (f)	سكتة
hartinfarct (het)	azma ʾalbiya (f)	أزمة قلبية
myocardiaal infarct (het)	nawba ʾalbiya (f)	نوبة قلبية
verlamming (de)	ʃalal (m)	شلل
verlammen (ww)	ʃall	شلّ
allergie (de)	ḥasasiya (f)	حساسيّة
astma (de/het)	rabw (m)	ربو
diabetes (de)	dāʾ el sokkary (m)	داء السكّري
tandpijn (de)	alam asnān (m)	ألم الأسنان
tandbederf (het)	naχr el asnān (m)	نخر الأسنان
diarree (de)	es-hāl (m)	إسهال
constipatie (de)	emsāk (m)	إمساك
maagstoornis (de)	edṭrāb el meʿda (m)	إضطراب المعدة
voedselvergiftiging (de)	tasammom (m)	تسمم
voedselvergiftiging oplopen	etsammem	إتسمّم
artritis (de)	eltehāb el mafāṣel (m)	إلتهاب المفاصل
rachitis (de)	kosāḥ el aṭfāl (m)	كساح الأطفال
reuma (het)	rheumatism (m)	روماتزم
arteriosclerose (de)	taṣṣallob el ʃarayīn (m)	تصلّب الشرايين
gastritis (de)	eltehāb el meʿda (m)	إلتهاب المعدة
blindedarmontsteking (de)	eltehāb el zayda el dūdiya (m)	إلتهاب الزائدة الدودية
galblaasontsteking (de)	eltehāb el marāra (m)	إلتهاب المرارة
zweer (de)	qorḥa (f)	قرحة
mazelen (mv.)	maraḍ el ḥaṣba (m)	مرض الحصبة
rodehond (de)	el ḥaṣba el almaniya (f)	الحصبة الألمانية
geelzucht (de)	yaraqān (m)	يرقان
leverontsteking (de)	eltehāb el kabed el vayrūsy (m)	إلتهاب الكبد الفيروسي
schizofrenie (de)	fuṣām (m)	فصام
dolheid (de)	dāʾ el kalb (m)	داء الكلب
neurose (de)	edṭrāb ʿaṣaby (m)	إضطراب عصبي
hersenschudding (de)	ertegāg el moχ (m)	إرتجاج المخ
kanker (de)	saraṭān (m)	سرطان
sclerose (de)	taṣṣallob (m)	تصلّب

multiple sclerose (de)	taṣṣallob mota'added (m)	تصلّب متعدّد
alcoholisme (het)	edmān el χamr (m)	إدمان الخمر
alcoholicus (de)	modmen el χamr (m)	مدمن الخمر
syfilis (de)	syfilis el zehry (m)	سفلس الزهري
AIDS (de)	el eydz (m)	الايدز
tumor (de)	waram (m)	ورم
kwaadaardig (bn)	χabīs	خبيث
goedaardig (bn)	ḥamīd (m)	حميد
koorts (de)	ḥomma (f)	حمّى
malaria (de)	malaria (f)	ملاريا
gangreen (het)	ɣanɣarīna (f)	غنغرينا
zeeziekte (de)	dawār el baḥr (m)	دوار البحر
epilepsie (de)	maraḍ el ṣara' (m)	مرض الصرع
epidemie (de)	wabā' (m)	وباء
tyfus (de)	tyfus (m)	تيفوس
tuberculose (de)	maraḍ el soll (m)	مرض السلّ
cholera (de)	kōlīra (f)	كوليرا
pest (de)	ṭa'ūn (m)	طاعون

64. Symptomen. Behandelingen. Deel 1

symptoom (het)	'araḍ (m)	عرض
temperatuur (de)	ḥarāra (f)	حرارة
verhoogde temperatuur (de)	ḥomma (f)	حمّى
polsslag (de)	nabḍ (m)	نبض
duizeling (de)	dawχa (f)	دوخة
heet (erg warm)	soχn	سخن
koude rillingen (mv.)	ra'ʃa (f)	رعشة
bleek (bn)	aṣfar	أصفر
hoest (de)	koḥḥa (f)	كحّة
hoesten (ww)	kaḥḥ	كحّ
niezen (ww)	'aṭas	عطس
flauwte (de)	dawχa (f)	دوخة
flauwvallen (ww)	oɣma 'aleyh	أغمي عليه
blauwe plek (de)	kadma (f)	كدمة
buil (de)	tawarrom (m)	تورّم
zich stoten (ww)	etχabaṭ	إتخبط
kneuzing (de)	raḍḍa (f)	رضّة
kneuzen (gekneusd zijn)	etkadam	إتكدم
hinken (ww)	'arag	عرج
verstuiking (de)	χal' (m)	خلع
verstuiken (enkel, enz.)	χala'	خلع
breuk (de)	kasr (m)	كسر
een breuk oplopen	enkasar	إنكسر
snijwond (de)	garḥ (m)	جرح
zich snijden (ww)	garaḥ nafsoh	جرح نفسه

bloeding (de)	nazīf (m)	نزيف
brandwond (de)	ḥar' (m)	حرق
zich branden (ww)	et-ḥara'	إتحرق
prikken (ww)	waχaz	وخز
zich prikken (ww)	waχaz nafso	وخز نفسه
blesseren (ww)	aṣāb	أصاب
blessure (letsel)	eṣāba (f)	إصابة
wond (de)	garḥ (m)	جرح
trauma (het)	ṣadma (f)	صدمة
IJlen (ww)	haza	هذى
stotteren (ww)	tala'sam	تلعثم
zonnesteek (de)	ḍarabet ʃams (f)	ضربة شمس

65. Symptomen. Behandelingen. Deel 2

pijn (de)	alam (m)	ألم
splinter (de)	ʃazya (f)	شظية
zweet (het)	'er' (m)	عرق
zweten (ww)	'ere'	عرق
braking (de)	targee' (m)	ترجيع
stuiptrekkingen (mv.)	taʃonnogāt (pl)	تشنّجات
zwanger (bn)	ḥāmel	حامل
geboren worden (ww)	etwalad	اتولّد
geboorte (de)	welāda (f)	ولادة
baren (ww)	walad	ولد
abortus (de)	eg-hāḍ (m)	إجهاض
ademhaling (de)	tanaffos (m)	تنفّس
inademing (de)	estenʃāq (m)	إستنشاق
uitademing (de)	zafīr (m)	زفير
uitademen (ww)	zafar	زفر
inademen (ww)	estanʃaq	إستنشق
invalide (de)	mo'āq (m)	معاق
gehandicapte (de)	moq'ad (m)	مقعد
drugsverslaafde (de)	modmen moχaddarāt (m)	مدمن مخدّرات
doof (bn)	aṭraʃ	أطرش
stom (bn)	aχras	أخرس
doofstom (bn)	aṭraʃ aχras	أطرش أخرس
krankzinnig (bn)	magnūn (m)	مجنون
krankzinnige (man)	magnūn (m)	مجنون
krankzinnige (vrouw)	magnūna (f)	مجنونة
krankzinnig worden	etgannen	اتجنّن
gen (het)	ʒīn (m)	جين
immuniteit (de)	manā'a (f)	مناعة
erfelijk (bn)	werāsy	وراثي
aangeboren (bn)	χolqy men el welāda	خلقي من الولادة

virus (het)	virūs (m)	فيروس
microbe (de)	mikrūb (m)	ميكروب
bacterie (de)	garsūma (f)	جرثومة
infectie (de)	ʿadwa (f)	عدوى

66. Symptomen. Behandelingen. Deel 3

ziekenhuis (het)	mostaʃfa (m)	مستشفى
patiënt (de)	marīḍ (m)	مريض
diagnose (de)	taʃχīṣ (m)	تشخيص
genezing (de)	ʃefā' (m)	شفاء
medische behandeling (de)	ʿelāg ṭebby (m)	علاج طبي
onder behandeling zijn	etʿāleg	اتعالج
behandelen (ww)	ʿālag	عالج
zorgen (zieken ~)	marraḍ	مرّض
ziekenzorg (de)	ʿenāya (f)	عناية
operatie (de)	ʿamaliya grāḥiya (f)	عمليّة جراحية
verbinden (een arm ~)	ḍammad	ضمّد
verband (het)	taḍmīd (m)	تضميد
vaccin (het)	talqīḥ (m)	تلقيح
inenten (vaccineren)	laqqaḥ	لقّح
injectie (de)	ḥo'na (f)	حقنة
een injectie geven	ḥa'an ebra	حقن إبرة
aanval (de)	nawba (f)	نوبة
amputatie (de)	batr (m)	بتر
amputeren (ww)	batr	بتر
coma (het)	ɣaybūba (f)	غيبوبة
in coma liggen	kān fi ḥālet ɣaybūba	كان في حالة غيبوبة
intensieve zorg, ICU (de)	el ʿenāya el morakkaza (f)	العناية المركّزة
zich herstellen (ww)	ʃefy	شفي
toestand (de)	ḥala (f)	حالة
bewustzijn (het)	waʿy (m)	وعي
geheugen (het)	zākera (f)	ذاكرة
trekken (een kies ~)	χalaʿ	خلع
vulling (de)	ḥaʃww (m)	حشو
vullen (ww)	ḥaʃa	حشا
hypnose (de)	el tanwīm el meɣnaṭīsy (m)	التنويم المغناطيسي
hypnotiseren (ww)	nawwem	نوّم

67. Geneeskunde. Medicijnen. Accessoires

geneesmiddel (het)	dawā' (m)	دواء
middel (het)	ʿelāg (m)	علاج
voorschrijven (ww)	waṣaf	وصف
recept (het)	waṣfa (f)	وصفة

tablet (de/het)	ʾorṣ (m)	قرص
zalf (de)	marham (m)	مرهم
ampul (de)	ambūla (f)	أمبولة
drank (de)	dawāʾ ʃorb (m)	دواء شراب
siroop (de)	ʃarāb (m)	شراب
pil (de)	ḥabba (f)	حبّة
poeder (de/het)	zorūr (m)	ذرور
verband (het)	ḍammāda ʃāʃ (f)	ضمادة شاش
watten (mv.)	ʾoṭn (m)	قطن
jodium (het)	yūd (m)	يود
pleister (de)	blaster (m)	بلاستر
pipet (de)	ʾaṭṭāra (f)	قطّارة
thermometer (de)	termometr (m)	ترمومتر
spuit (de)	serennga (f)	سرنجة
rolstoel (de)	korsy motaḥarrek (m)	كرسي متحرك
krukken (mv.)	ʿokkāz (m)	عكّاز
pijnstiller (de)	mosakken (m)	مسكّن
laxeermiddel (het)	molayen (m)	مليّن
spiritus (de)	etanol (m)	إيثانول
medicinale kruiden (mv.)	aʿʃāb ṭebbiya (pl)	أعشاب طبّية
kruiden- (abn)	ʿoʃby	عشبي

APPARTEMENT

68. Appartement

appartement (het)	ʃa''a (f)	شقّة
kamer (de)	oḍa (f)	أوضة
slaapkamer (de)	oḍet el nome (f)	أوضة النوم
eetkamer (de)	oḍet el sofra (f)	أوضة السفرة
salon (de)	oḍet el esteqbāl (f)	أوضة الإستقبال
studeerkamer (de)	maktab (m)	مكتب
gang (de)	madχal (m)	مدخل
badkamer (de)	ḥammām (m)	حمّام
toilet (het)	ḥammām (m)	حمّام
plafond (het)	sa'f (m)	سقف
vloer (de)	arḍiya (f)	أرضية
hoek (de)	zawya (f)	زاوية

69. Meubels. Interieur

meubels (mv.)	asās (m)	أثاث
tafel (de)	maktab (m)	مكتب
stoel (de)	korsy (m)	كرسي
bed (het)	serīr (m)	سرير
bankstel (het)	kanaba (f)	كنبة
fauteuil (de)	korsy (m)	كرسي
boekenkast (de)	χazzānet kotob (f)	خزّانة كتب
boekenrek (het)	raff (m)	رفّ
kledingkast (de)	dolāb (m)	دولاب
kapstok (de)	ʃammāʿa (f)	شمّاعة
staande kapstok (de)	ʃammāʿa (f)	شمّاعة
commode (de)	dolāb adrāg (m)	دولاب أدراج
salontafeltje (het)	ṭarabeyzet el 'ahwa (f)	طرابيزة القهوة
spiegel (de)	merāya (f)	مراية
tapijt (het)	seggāda (f)	سجّادة
tapijtje (het)	seggāda (f)	سجّادة
haard (de)	daffāya (f)	دفّاية
kaars (de)	ʃamʿa (f)	شمعة
kandelaar (de)	ʃamʿadān (m)	شمعدان
gordijnen (mv.)	satā'er (pl)	ستائر
behang (het)	wara' ḥā'eṭ (m)	ورق حائط

jaloezie (de)	satā'er ofoqiya (pl)	ستائر أفقيّة
bureaulamp (de)	abāʒūr (f)	اباجورة
wandlamp (de)	lammbet ḥā'eṭ (f)	لمّبة حائط
staande lamp (de)	meṣbāḥ arḍy (m)	مصباح أرضي
luchter (de)	nagafa (f)	نجفة
poot (ov. een tafel, enz.)	regl (f)	رجل
armleuning (de)	masnad (m)	مسند
rugleuning (de)	masnad (m)	مسند
la (de)	dorg (m)	درج

70. Beddengoed

beddengoed (het)	bayāḍāt el serīr (pl)	بياضات السرير
kussen (het)	maxadda (f)	مخدّة
kussenovertrek (de)	kīs el maxadda (m)	كيس المخدّة
deken (de)	leḥāf (m)	لحاف
laken (het)	melāya (f)	ملاية
sprei (de)	ɣaṭā' el serīr (m)	غطاء السرير

71. Keuken

keuken (de)	maṭbax (m)	مطبخ
gas (het)	ɣāz (m)	غاز
gasfornuis (het)	botoɣāz (m)	بوتوغاز
elektrisch fornuis (het)	forn kaharabā'y (m)	فرن كهربائي
oven (de)	forn (m)	فرن
magnetronoven (de)	mikroweyv (m)	ميكروويف
koelkast (de)	tallāga (f)	ثلاجة
diepvriezer (de)	freyzer (m)	فريزر
vaatwasmachine (de)	ɣassālet aṭbā' (f)	غسّالة أطباق
vleesmolen (de)	farrāmet laḥm (f)	فرّامة لحم
vruchtenpers (de)	'aṣṣāra (f)	عصّارة
toaster (de)	maḥmaṣet xobz (f)	محمصة خبز
mixer (de)	xallāṭ (m)	خلّاط
koffiemachine (de)	makinet ṣon' el 'ahwa (f)	ماكينة صنع القهوة
koffiepot (de)	ɣallāya kahraba'iya (f)	غلّاية القهوة
koffiemolen (de)	maṭ-ḥanet 'ahwa (f)	مطحنة قهوة
fluitketel (de)	ɣallāya (f)	غلّاية
theepot (de)	barrād el ʃāy (m)	برّاد الشاي
deksel (de/het)	ɣaṭā' (m)	غطاء
theezeefje (het)	maṣfāh el ʃāy (f)	مصفاة الشاي
lepel (de)	ma'la'a (f)	معلقة
theelepeltje (het)	ma'la'et ʃāy (f)	معلقة شاي
eetlepel (de)	ma'la'a kebīra (f)	ملعقة كبيرة
vork (de)	ʃawka (f)	شوكة
mes (het)	sekkīna (f)	سكّينة

vaatwerk (het)	awāny (pl)	أواني
bord (het)	ṭaba' (m)	طبق
schoteltje (het)	ṭaba' fengān (m)	طبق فنجان
likeurglas (het)	kāsa (f)	كاسة
glas (het)	kobbāya (f)	كوبّاية
kopje (het)	fengān (m)	فنجان
suikerpot (de)	sokkariya (f)	سكّريّة
zoutvat (het)	mamlaḥa (f)	مملحة
pepervat (het)	mobhera (f)	مبهرة
boterschaaltje (het)	ṭaba' zebda (m)	طبق زبدة
pan (de)	ḥalla (f)	حلّة
bakpan (de)	ṭāsa (f)	طاسة
pollepel (de)	maɣrafa (f)	مغرفة
vergiet (de/het)	maṣfāh (f)	مصفاه
dienblad (het)	ṣeniya (f)	صينيّة
fles (de)	ezāza (f)	إزازة
glazen pot (de)	barṭamān (m)	برطمان
blik (conserven~)	kanz (m)	كانز
flesopener (de)	fattāḥa (f)	فتّاحة
blikopener (de)	fattāḥa (f)	فتّاحة
kurkentrekker (de)	barrīma (f)	بريّمة
filter (de/het)	filter (m)	فلتر
filteren (ww)	ṣaffa	صفّى
huisvuil (het)	zebāla (f)	زبالة
vuilnisemmer (de)	ṣandū' el zebāla (m)	صندوق الزبالة

72. Badkamer

badkamer (de)	ḥammām (m)	حمّام
water (het)	meyāh (f)	مياه
kraan (de)	ḥanafiya (f)	حنفيّة
warm water (het)	maya soxna (f)	مايّة سخنة
koud water (het)	maya barda (f)	مايّة باردة
tandpasta (de)	ma'gūn asnān (m)	معجون أسنان
tanden poetsen (ww)	naḍḍaf el asnān	نظّف الأسنان
tandenborstel (de)	forʃet senān (f)	فرشة أسنان
zich scheren (ww)	ḥala'	حلق
scheercrème (de)	raɣwa lel ḥelā'a (f)	رغوة للحلاقة
scheermes (het)	mūs (m)	موس
wassen (ww)	ɣasal	غسل
een bad nemen	estaḥamma	إستحمّى
douche (de)	doʃ (m)	دوش
een douche nemen	axad doʃ	أخد دوش
bad (het)	banyo (m)	بانيو
toiletpot (de)	twalet (m)	تواليت

wastafel (de)	ḥoḍe (m)	حوض
zeep (de)	ṣabūn (m)	صابون
zeepbakje (het)	ṣabbāna (f)	صبّانة
spons (de)	līfa (f)	ليفة
shampoo (de)	ʃambū (m)	شامبو
handdoek (de)	fūṭa (f)	فوطة
badjas (de)	robe el ḥammām (m)	روب حمّام
was (bijv. handwas)	ɣasīl (m)	غسيل
wasmachine (de)	ɣassāla (f)	غسّالة
de was doen	ɣasal el malābes	غسل الملابس
waspoeder (de)	mas-ḥū' ɣasīl (m)	مسحوق غسيل

73. Huishoudelijke apparaten

televisie (de)	televizion (m)	تليفزيون
cassettespeler (de)	gehāz tasgīl (m)	جهاز تسجيل
videorecorder (de)	'āla tasgīl video (f)	آلة تسجيل فيديو
radio (de)	gehāz radio (m)	جهاز راديو
speler (de)	blayer (m)	بليير
videoprojector (de)	gehāz 'arḍ (m)	جهاز عرض
home theater systeem (het)	sinema manzeliya (f)	سينما منزليّة
DVD-speler (de)	dividī blayer (m)	دي في دي بليير
versterker (de)	mokabbaer el ṣote (m)	مكبّر الصوت
spelconsole (de)	'ātāry (m)	أتاري
videocamera (de)	kamera video (f)	كاميرا فيديو
fotocamera (de)	kamera (f)	كاميرا
digitale camera (de)	kamera diʒital (f)	كاميرا ديجيتال
stofzuiger (de)	maknasa kahraba'iya (f)	مكنسة كهربائيّة
strijkijzer (het)	makwa (f)	مكواة
strijkplank (de)	lawḥet kayī (f)	لوحة كيّ
telefoon (de)	telefon (m)	تليفون
mobieltje (het)	mobile (m)	موبايل
schrijfmachine (de)	'āla katba (f)	آلة كاتبة
naaimachine (de)	makanet el χeyāṭa (f)	مكنة الخياطة
microfoon (de)	mikrofon (m)	ميكروفون
koptelefoon (de)	samma'āt ra'siya (pl)	سمّاعات رأسية
afstandsbediening (de)	remowt kontrol (m)	ريموت كنترول
CD (de)	sidī (m)	سي دي
cassette (de)	kasett (m)	كاسيت
vinylplaat (de)	esṭewāna mūsīqa (f)	أسطوانة موسيقى

DE AARDE. WEER

74. De kosmische ruimte

kosmos (de)	faḍā' (m)	فضاء
kosmisch (bn)	faḍā'y	فضائي
kosmische ruimte (de)	el faḍā' el χāregy (m)	الفضاء الخارجي
wereld (de)	'ālam (m)	عالم
heelal (het)	el kōn (m)	الكون
sterrenstelsel (het)	el magarra (f)	المجرّة
ster (de)	negm (m)	نجم
sterrenbeeld (het)	borg (m)	برج
planeet (de)	kawwkab (m)	كوكب
satelliet (de)	'amar ṣenā'y (m)	قمر صناعي
meteoriet (de)	nayzek (m)	نيّزك
komeet (de)	mozannab (m)	مذنّب
asteroïde (de)	kowaykeb (m)	كويكب
baan (de)	madār (m)	مدار
draaien (om de zon, enz.)	dār	دار
atmosfeer (de)	el ɣelāf el gawwy (m)	الغلاف الجوّي
Zon (de)	el ʃams (f)	الشمس
zonnestelsel (het)	el magmū'a el ʃamsiya (f)	المجموعة الشمسيّة
zonsverduistering (de)	kosūf el ʃams (m)	كسوف الشمس
Aarde (de)	el arḍ (f)	الأرض
Maan (de)	el 'amar (m)	القمر
Mars (de)	el marrīχ (m)	المرّيخ
Venus (de)	el zahra (f)	الزهرة
Jupiter (de)	el moʃtary (m)	المشتري
Saturnus (de)	zoḥḥol (m)	زحل
Mercurius (de)	'aṭāred (m)	عطارد
Uranus (de)	uranus (m)	اورانوس
Neptunus (de)	nibtūn (m)	نبتون
Pluto (de)	bluto (m)	بلوتو
Melkweg (de)	darb el tebbāna (m)	درب التبّانة
Grote Beer (de)	el dobb el akbar (m)	الدب الأكبر
Poolster (de)	negm el 'oṭb (m)	نجم القطب
marsmannetje (het)	sāken el marrīχ (m)	ساكن المرّيخ
buitenaards wezen (het)	faḍā'y (m)	فضائي
bovenaards (het)	kā'en faḍā'y (m)	كائن فضائي
vliegende schotel (de)	ṭaba' ṭā'er (m)	طبق طائر
ruimtevaartuig (het)	markaba faḍa'iya (f)	مركبة فضائية

ruimtestation (het)	maḥaṭṭet faḍā' (f)	محطّة فضاء
start (de)	enṭelāq (m)	إنطلاق
motor (de)	motore (m)	موتور
straalpijp (de)	manfaθ (m)	منفث
brandstof (de)	woqūd (m)	وقود
cabine (de)	kabīna (f)	كابينة
antenne (de)	hawā'y (m)	هوائي
patrijspoort (de)	kowwa mostadīra (f)	كوّة مستديرة
zonnebatterij (de)	lawḥa ʃamsiya (f)	لوحة شمسيّة
ruimtepak (het)	badlet el faḍā' (f)	بدّلة الفضاء
gewichtloosheid (de)	en'edām wazn (m)	إنعدام الوزن
zuurstof (de)	oksiʒīn (m)	أوكسجين
koppeling (de)	rasw (m)	رسو
koppeling maken	rasa	رسى
observatorium (het)	marṣad (m)	مرصد
telescoop (de)	teleskop (m)	تلسكوب
waarnemen (ww)	rāqab	راقب
exploreren (ww)	estakʃef	إستكشف

75. De Aarde

Aarde (de)	el arḍ (f)	الأرض
aardbol (de)	el kora el arḍiya (f)	الكرة الأرضيّة
planeet (de)	kawwkab (m)	كوّكب
atmosfeer (de)	el ɣelāf el gawwy (m)	الغلاف الجوّي
aardrijkskunde (de)	goɣrafia (f)	جغرافيا
natuur (de)	ṭabee'a (f)	طبيعة
wereldbol (de)	namūzag lel kora el arḍiya (m)	نموذج للكرة الأرضيّة
kaart (de)	χarīṭa (f)	خريطة
atlas (de)	aṭlas (m)	أطلس
Europa (het)	orobba (f)	أوروبّا
Azië (het)	asya (f)	آسيا
Afrika (het)	afreqia (f)	أفريقيا
Australië (het)	ostorālya (f)	أستراليا
Amerika (het)	amrīka (f)	أمريكا
Noord-Amerika (het)	amrīka el ʃamaliya (f)	أمريكا الشماليّة
Zuid-Amerika (het)	amrīka el ganūbiya (f)	أمريكا الجنوبيّة
Antarctica (het)	el qoṭb el ganūby (m)	القطب الجنوبي
Arctis (de)	el qoṭb el ʃamāly (m)	القطب الشمالي

76. Windrichtingen

noorden (het)	ʃemāl (m)	شمال
naar het noorden	lel ʃamāl	للشمال

in het noorden	fel ʃamāl	في الشمال
noordelijk (bn)	ʃamāly	شمالي
zuiden (het)	ganūb (m)	جنوب
naar het zuiden	lel ganūb	للجنوب
in het zuiden	fel ganūb	في الجنوب
zuidelijk (bn)	ganūby	جنوبي
westen (het)	ɣarb (m)	غرب
naar het westen	lel ɣarb	للغرب
in het westen	fel ɣarb	في الغرب
westelijk (bn)	ɣarby	غربي
oosten (het)	ʃar' (m)	شرق
naar het oosten	lel ʃar'	للشرق
in het oosten	fel ʃar'	في الشرق
oostelijk (bn)	ʃar'y	شرقي

77. Zee. Oceaan

zee (de)	baḥr (m)	بحر
oceaan (de)	moḥīṭ (m)	محيط
golf (baai)	χalīg (m)	خليج
straat (de)	maḍīq (m)	مضيق
grond (vaste grond)	barr (m)	برّ
continent (het)	qārra (f)	قارّة
eiland (het)	gezīra (f)	جزيرة
schiereiland (het)	ʃebh gezeyra (f)	شبه جزيرة
archipel (de)	magmū'et gozor (f)	مجموعة جزر
baai, bocht (de)	χalīg (m)	خليج
haven (de)	minā' (m)	ميناء
lagune (de)	lagūn (m)	لاجون
kaap (de)	ra's (m)	رأس
atol (de)	gezīra morganiya estwa'iya (f)	جزيزة مرجانية إستوائيّة
rif (het)	ʃo'āb (pl)	شعاب
koraal (het)	morgān (m)	مرجان
koraalrif (het)	ʃo'āb morganiya (pl)	شعاب مرجانية
diep (bn)	'amīq	عميق
diepte (de)	'omq (m)	عمق
diepzee (de)	el 'omq el saḥīq (m)	العمق السحيق
trog (bijv. Marianentrog)	χondoq (m)	خندق
stroming (de)	tayār (m)	تيّار
omspoelen (ww)	ḥāṭ	حاط
oever (de)	sāḥel (m)	ساحل
kust (de)	sāḥel (m)	ساحل
vloed (de)	tayār (m)	تيّار
eb (de)	gozor (m)	جزر

ondiepte (ondiep water)	meyāh ḍaḥla (f)	مياه ضحلة
bodem (de)	qāʿ (m)	قاع
golf (hoge ~)	mouga (f)	موجة
golfkam (de)	qemma (f)	قمّة
schuim (het)	zabad el baḥr (m)	زبد البحر
storm (de)	ʿāṣefa (f)	عاصفة
orkaan (de)	eʿṣār (m)	إعصار
tsunami (de)	tsunāmy (m)	تسونامي
windstilte (de)	hodūʾ (m)	هدوء
kalm (bijv. ~e zee)	hady	هادئ
pool (de)	ʾoṭb (m)	قطب
polair (bn)	ʾoṭby	قطبي
breedtegraad (de)	ʿarḍ (m)	عرض
lengtegraad (de)	xaṭṭ ṭūl (m)	خطّ طول
parallel (de)	motawāz (m)	متواز
evenaar (de)	xaṭṭ el estewāʾ (m)	خطّ الإستواء
hemel (de)	samāʾ (f)	سماء
horizon (de)	ofoq (m)	أفق
lucht (de)	hawāʾ (m)	هواء
vuurtoren (de)	manāra (f)	منارة
duiken (ww)	ɣāṣ	غاص
zinken (ov. een boot)	ɣereʾ	غرق
schatten (mv.)	konūz (pl)	كنوز

78. Namen van zeeën en oceanen

Atlantische Oceaan (de)	el moḥeyṭ el aṭlanṭy (m)	المحيط الأطلنطي
Indische Oceaan (de)	el moḥeyṭ el hendy (m)	المحيط الهندي
Stille Oceaan (de)	el moḥeyṭ el hādy (m)	المحيط الهادي
Noordelijke IJszee (de)	el moḥeyṭ el motagammed el ʃamāly (m)	المحيط المتجمّد الشمالي
Zwarte Zee (de)	el baḥr el aswad (m)	البحر الأسود
Rode Zee (de)	el baḥr el aḥmar (m)	البحر الأحمر
Gele Zee (de)	el baḥr el aṣfar (m)	البحر الأصفر
Witte Zee (de)	el baḥr el abyaḍ (m)	البحر الأبيض
Kaspische Zee (de)	baḥr qazwīn (m)	بحر قزوين
Dode Zee (de)	el baḥr el mayet (m)	البحر الميّت
Middellandse Zee (de)	el baḥr el abyaḍ el motawasseṭ (m)	البحر الأبيض المتوسط
Egeïsche Zee (de)	baḥr eygah (m)	بحر إيجة
Adriatische Zee (de)	el baḥr el adreyatīky (m)	البحر الأدرياتيكي
Arabische Zee (de)	baḥr el ʿarab (m)	بحر العرب
Japanse Zee (de)	baḥr el yabān (m)	بحر اليابان
Beringzee (de)	baḥr bering (m)	بحر بيرينغ

Zuid-Chinese Zee (de)	baḥr el ṣeyn el ganūby (m)	بحر الصين الجنوبي
Koraalzee (de)	baḥr el morgān (m)	بحر المرجان
Tasmanzee (de)	baḥr tazman (m)	بحر تسمان
Caribische Zee (de)	el baḥr el karību (m)	البحر الكاريبي
Barentszzee (de)	baḥr barents (m)	بحر بارنتس
Karische Zee (de)	baḥr kara (m)	بحر كارا
Noordzee (de)	baḥr el ʃamāl (m)	بحر الشمال
Baltische Zee (de)	baḥr el balṭīq (m)	بحر البلطيق
Noorse Zee (de)	baḥr el nerwīg (m)	بحر النرويج

79. Bergen

berg (de)	gabal (m)	جبل
bergketen (de)	selselet gebāl (f)	سلسلة جبال
gebergte (het)	notū' el gabal (m)	نتوء الجبل
bergtop (de)	qemma (f)	قمّة
bergpiek (de)	qemma (f)	قمّة
voet (ov. de berg)	asfal (m)	أسفل
helling (de)	monḥadar (m)	منحدر
vulkaan (de)	borkān (m)	بركان
actieve vulkaan (de)	borkān naʃeṭ (m)	بركان نشط
uitgedoofde vulkaan (de)	borkān χāmed (m)	بركان خامد
uitbarsting (de)	sawarān (m)	ثوّران
krater (de)	fawhet el borkān (f)	فوهة البركان
magma (het)	magma (f)	ماجما
lava (de)	ḥomam borkāniya (pl)	حمم بركانية
gloeiend (~e lava)	monṣahera	منصهرة
kloof (canyon)	wādy ḍaye' (m)	وادي ضيّق
bergkloof (de)	mamarr ḍaye' (m)	ممرّ ضيّق
spleet (de)	ʃa'' (m)	شقّ
afgrond (de)	hāwya (f)	هاوية
bergpas (de)	mamarr gabaly (m)	ممرّ جبلي
plateau (het)	haḍaba (f)	هضبة
klip (de)	garf (m)	جرف
heuvel (de)	tall (m)	تلّ
gletsjer (de)	nahr galīdy (m)	نهر جليدي
waterval (de)	ʃallāl (m)	شلّال
geiser (de)	nab' maya ḥāra (m)	نبع ميّة حارة
meer (het)	boḥeyra (f)	بحيرة
vlakte (de)	sahl (m)	سهل
landschap (het)	manzar ṭabee'y (m)	منظر طبيعي
echo (de)	ṣada (m)	صدى
alpinist (de)	motasalleq el gebāl (m)	متسلّق الجبال
bergbeklimmer (de)	motasalleq ṣoχūr (m)	متسلّق صخور

trotseren (berg ~)	taɣallab ʿala	تغلّب على
beklimming (de)	tasalloq (m)	تسلّق

80. Bergen namen

Alpen (de)	gebāl el alb (pl)	جبال الألب
Mont Blanc (de)	mōn blōn (m)	مون بلون
Pyreneeën (de)	gebāl el barānes (pl)	جبال البرانس
Karpaten (de)	gebāl el karbāt (pl)	جبال الكاربات
Oeralgebergte (het)	gebāl el urāl (pl)	جبال الأورال
Kaukasus (de)	gebāl el qoqāz (pl)	جبال القوقاز
Elbroes (de)	gabal elbrus (m)	جبل إلبروس
Altaj (de)	gebāl altāy (pl)	جبال ألتاي
Tiensjan (de)	gebāl tian ʃan (pl)	جبال تيان شان
Pamir (de)	gebāl bamir (pl)	جبال بامير
Himalaya (de)	himalāya (pl)	هيمالايا
Everest (de)	gabal everest (m)	جبل افرست
Andes (de)	gebāl el andīz (pl)	جبال الأنديز
Kilimanjaro (de)	gabal kilimanʒaro (m)	جبل كليمنجارو

81. Rivieren

rivier (de)	nahr (m)	نهر
bron (~ van een rivier)	ʿeyn (m)	عين
rivierbedding (de)	magra el nahr (m)	مجرى النهر
rivierbekken (het)	ḥoḍe (m)	حوض
uitmonden in ...	ṣabb fe ...	صبّ في...
zijrivier (de)	rāfed (m)	رافد
oever (de)	ḍaffa (f)	ضفّة
stroming (de)	tayār (m)	تيّار
stroomafwaarts (bw)	maʿ ettigāh magra el nahr	مع إتّجاه مجرى النهر
stroomopwaarts (bw)	ḍed el tayār	ضد التيار
overstroming (de)	ɣamr (m)	غمر
overstroming (de)	fayaḍān (m)	فيضان
buiten zijn oevers treden	fāḍ	فاض
overstromen (ww)	ɣamar	غمر
zandbank (de)	meyāh ḍaḥla (f)	مياه ضحلة
stroomversnelling (de)	monḥadar el nahr (m)	منحدر النهر
dam (de)	sadd (m)	سدّ
kanaal (het)	qanah (f)	قناة
spaarbekken (het)	χazzān māʾy (m)	خزّان مائي
sluis (de)	bawwāba qanṭara (f)	بوّابة قنطرة
waterlichaam (het)	berka (f)	بركة
moeras (het)	mostanqaʿ (m)	مستنقع

broek (het)	mostanqa' (m)	مستنقع
draaikolk (de)	dawwāma (f)	دوّامة
stroom (de)	gadwal (m)	جدوَل
drink- (abn)	el ʃorb	الشرب
zoet (~ water)	'azb	عذب
ijs (het)	galīd (m)	جليد
bevriezen (rivier, enz.)	etgammed	إتجمّد

82. Namen van rivieren

Seine (de)	el seyn (m)	السين
Loire (de)	el lua:r (m)	اللوار
Theems (de)	el teymz (m)	التيمز
Rijn (de)	el rayn (m)	الراين
Donau (de)	el danūb (m)	الدانوب
Wolga (de)	el volga (m)	الفولغا
Don (de)	el done (m)	الدون
Lena (de)	lena (m)	لينا
Gele Rivier (de)	el nahr el aṣfar (m)	النهر الأصفر
Blauwe Rivier (de)	el yangesty (m)	اليانغستي
Mekong (de)	el mekong (m)	الميكونغ
Ganges (de)	el ɣang (m)	الغانج
Nijl (de)	el nīl (m)	النيل
Kongo (de)	el kongo (m)	الكونغو
Okavango (de)	okavango (m)	أوكافانجو
Zambezi (de)	el zambizi (m)	الزمبيزي
Limpopo (de)	limbobo (m)	ليمبوبو
Mississippi (de)	el mississibbi (m)	الميسيسيبي

83. Bos

bos (het)	ɣāba (f)	غابة
bos- (abn)	ɣāba	غابة
oerwoud (dicht bos)	ɣāba kasīfa (f)	غابة كثيفة
bosje (klein bos)	bostān (m)	بستان
open plek (de)	ezālet el ɣābāt (f)	إزالة الغابات
struikgewas (het)	agama (f)	أجمة
struiken (mv.)	arāḍy el ʃogayrāt (pl)	أراضي الشجيرات
paadje (het)	mamarr (m)	ممرّ
ravijn (het)	wādy ḍaye' (m)	وادي ضيّق
boom (de)	ʃagara (f)	شجرة
blad (het)	wara'a (f)	ورقة

gebladerte (het)	wara' (m)	ورق
vallende bladeren (mv.)	tasā'oṭ el awrā' (m)	تساقط الأوراق
vallen (ov. de bladeren)	saqaṭ	سقط
boomtop (de)	ra's (m)	رأس
tak (de)	ɣoṣn (m)	غصن
ent (de)	ɣoṣn ra'īsy (m)	غصن رئيسي
knop (de)	bor'om (m)	برعم
naald (de)	ʃawka (f)	شوكة
dennenappel (de)	kūz el ṣnowbar (m)	كوز الصنوبر
boom holte (de)	gofe (m)	جوف
nest (het)	'eʃ (m)	عشّ
hol (het)	goḥr (m)	جحر
stam (de)	gez' (m)	جذع
wortel (bijv. boom~s)	gezr (m)	جذر
schors (de)	leḥā' (m)	لحاء
mos (het)	ṭaḥlab (m)	طحلب
ontwortelen (een boom)	eqtala'	إقتلع
kappen (een boom ~)	'aṭṭa'	قطّع
ontbossen (ww)	azāl el ɣabāt	أزال الغابات
stronk (de)	gez' el ʃagara (m)	جذع الشجرة
kampvuur (het)	nār moχayem (m)	نار مخيّم
bosbrand (de)	ḥarī' ɣāba (m)	حريق غابة
blussen (ww)	ṭaffa	طفّى
boswachter (de)	ḥāres el ɣāba (m)	حارس الغابة
bescherming (de)	ḥemāya (f)	حماية
beschermen (bijv. de natuur ~)	ḥama	حمى
stroper (de)	sāre' el ṣeyd (m)	سارق الصيد
val (de)	maṣyada (f)	مصيّدة
plukken (vruchten, enz.)	gamma'	جمّع
verdwalen (de weg kwijt zijn)	tāh	تاه

84. Natuurlijke hulpbronnen

natuurlijke rijkdommen (mv.)	sarawāt ṭabi'iya (pl)	ثروات طبيعيّة
delfstoffen (mv.)	ma'āden (pl)	معادن
lagen (mv.)	rawāseb (pl)	رواسب
veld (bijv. olie~)	ḥaql (m)	حقل
winnen (uit erts ~)	estaχrag	إستخرج
winning (de)	esteχrāg (m)	إستخراج
erts (het)	χām (m)	خام
mijn (bijv. kolenmijn)	mangam (m)	منجم
mijnschacht (de)	mangam (m)	منجم
mijnwerker (de)	'āmel mangam (m)	عامل منجم
gas (het)	ɣāz (m)	غاز
gasleiding (de)	χaṭṭ anabīb ɣāz (m)	خطّ أنابيب غاز

olie (aardolie)	nafṭ (m)	نفط
olieleiding (de)	anabīb el nafṭ (pl)	أنابيب النفط
oliebron (de)	bīr el nafṭ (m)	بير النفط
boortoren (de)	ḥaffāra (f)	حفّارة
tanker (de)	nāqelet betrūl (f)	ناقلة بترول
zand (het)	raml (m)	رمل
kalksteen (de)	ḥagar el kals (m)	حجر الكلس
grind (het)	ḥaṣa (m)	حصى
veen (het)	χaθ faḥm nabāty (m)	خث فحم نباتي
klei (de)	ṭīn (m)	طين
steenkool (de)	faḥm (m)	فحم
ijzer (het)	ḥadīd (m)	حديد
goud (het)	dahab (m)	ذهب
zilver (het)	faḍḍa (f)	فضّة
nikkel (het)	nikel (m)	نيكل
koper (het)	neḥās (m)	نحاس
zink (het)	zink (m)	زنك
mangaan (het)	manganīz (m)	منجنيز
kwik (het)	ze'baq (m)	زئبق
lood (het)	roṣāṣ (m)	رصاص
mineraal (het)	ma'dan (m)	معدن
kristal (het)	kristāl (m)	كريستال
marmer (het)	roχām (m)	رخام
uraan (het)	yuranuim (m)	يورانيوم

85. Weer

weer (het)	ṭa's (m)	طقس
weersvoorspelling (de)	naʃra gawiya (f)	نشرة جويّة
temperatuur (de)	ḥarāra (f)	حرارة
thermometer (de)	termometr (m)	ترمومتر
barometer (de)	barometr (m)	بارومتر
vochtig (bn)	roṭob	رطب
vochtigheid (de)	roṭūba (f)	رطوبة
hitte (de)	ḥarāra (f)	حرارة
heet (bn)	ḥarr	حارّ
het is heet	el gaww ḥarr	الجوّ حرّ
het is warm	el gaww dafa	الجوّ دفا
warm (bn)	dāfe'	دافئ
het is koud	el gaww bāred	الجوّ بارد
koud (bn)	bāred	بارد
zon (de)	ʃams (f)	شمس
schijnen (de zon)	nawwar	نوّر
zonnig (~e dag)	moʃmes	مشمس
opgaan (ov. de zon)	ʃara'	شرق
ondergaan (ww)	ɣarab	غرب

wolk (de)	saḥāba (f)	سحابة
bewolkt (bn)	meɣayem	مغيّم
regenwolk (de)	saḥābet maṭar (f)	سحابة مطر
somber (bn)	meɣayem	مغيّم
regen (de)	maṭar (m)	مطر
het regent	el donia betmaṭṭar	الدنيا بتمطّر
regenachtig (bn)	momṭer	ممطر
motregenen (ww)	maṭṭaret razāz	مطّرت رذاذ
plensbui (de)	maṭar monhamer (f)	مطر منهمر
stortbui (de)	maṭar ɣazīr (m)	مطر غزير
hard (bn)	ʃedīd	شديد
plas (de)	berka (f)	بركة
nat worden (ww)	ettbal	إتّبل
mist (de)	ʃabbūra (f)	شبّورة
mistig (bn)	fih ʃabbūra	فيه شبّورة
sneeuw (de)	talg (m)	ثلج
het sneeuwt	fih talg	فيه ثلج

86. Zwaar weer. Natuurrampen

noodweer (storm)	ʿāṣefa raʿdiya (f)	عاصفة رعدية
bliksem (de)	barʾ (m)	برق
flitsen (ww)	baraq	برق
donder (de)	raʿd (m)	رعد
donderen (ww)	dawa	دوى
het dondert	el samāʾ dawat raʿd (f)	السماء دوّت رعد
hagel (de)	maṭar bard (m)	مطر برد
het hagelt	maṭṭaret bard	مطّرت برد
overstromen (ww)	ɣamar	غمر
overstroming (de)	fayaḍān (m)	فيضان
aardbeving (de)	zelzāl (m)	زلزال
aardschok (de)	hazza arḍiya (f)	هزّة أرضية
epicentrum (het)	markaz el zelzāl (m)	مركز الزلزال
uitbarsting (de)	sawarān (m)	ثوّران
lava (de)	ḥomam borkāniya (pl)	حمم بركانية
wervelwind, windhoos (de)	eʿṣār (m)	إعصار
tyfoon (de)	tyfūn (m)	طوفان
orkaan (de)	eʿṣār (m)	إعصار
storm (de)	ʿāṣefa (f)	عاصفة
tsunami (de)	tsunāmy (m)	تسونامي
cycloon (de)	eʿṣār (m)	إعصار
onweer (het)	ṭaʾs sayeʾ (m)	طقس سئ
brand (de)	ḥarīʾ (m)	حريق

ramp (de)	karsa (f)	كارثة
meteoriet (de)	nayzek (m)	نيّزك
lawine (de)	enheyār talgy (m)	إنهيار ثلجي
sneeuwverschuiving (de)	enheyār talgy (m)	إنهيار ثلجي
sneeuwjacht (de)	ʿāṣefa talgiya (f)	عاصفة ثلجيّة
sneeuwstorm (de)	ʿāṣefa talgiya (f)	عاصفة ثلجيّة

FAUNA

87. Zoogdieren. Roofdieren

roofdier (het)	moftares (m)	مفترس
tijger (de)	nemr (m)	نمر
leeuw (de)	asad (m)	أسد
wolf (de)	ze'b (m)	ذئب
vos (de)	ta'lab (m)	ثعلب
jaguar (de)	nemr amrīky (m)	نمر أمريكي
luipaard (de)	fahd (m)	فهد
jachtluipaard (de)	fahd ṣayād (m)	فهد صيّاد
panter (de)	nemr aswad (m)	نمر أسوّد
poema (de)	asad el gebāl (m)	أسد الجبال
sneeuwluipaard (de)	nemr el tolūg (m)	نمر الثلوج
lynx (de)	waʃaq (m)	وشق
coyote (de)	qayūṭ (m)	قيوط
jakhals (de)	ebn 'āwy (m)	ابن آوى
hyena (de)	ḍeb' (m)	ضبع

88. Wilde dieren

dier (het)	ḥayawān (m)	حيوان
beest (het)	waḥʃ (m)	وحش
eekhoorn (de)	sengāb (m)	سنجاب
egel (de)	qonfoz (m)	قنفذ
haas (de)	arnab barry (m)	أرنب برّي
konijn (het)	arnab (m)	أرنب
das (de)	ɣarīr (m)	غرير
wasbeer (de)	rakūn (m)	راكون
hamster (de)	hamster (m)	هامستر
marmot (de)	marmoṭ (m)	مرموط
mol (de)	χold (m)	خلد
muis (de)	fār (m)	فأر
rat (de)	gerz (m)	جرذ
vleermuis (de)	χoffāʃ (m)	خفّاش
hermelijn (de)	qāqem (m)	قاقم
sabeldier (het)	sammūr (m)	سمّور
marter (de)	fara'īāt (m)	فرائيات
wezel (de)	ebn 'ers (m)	ابن عرس
nerts (de)	mink (m)	منك

bever (de)	qondos (m)	قندس
otter (de)	ta'lab maya (m)	ثعلب الميّة
paard (het)	ḥoṣān (m)	حصان
eland (de)	eyl el mūz (m)	أيّل الموظ
hert (het)	ayl (m)	أيل
kameel (de)	gamal (m)	جمل
bizon (de)	bison (m)	بيسون
oeros (de)	byson orobby (m)	بيسون أوروبي
buffel (de)	gamūs (m)	جاموس
zebra (de)	ḥomār waḥʃy (m)	حمار وحشي
antilope (de)	ẓaby (m)	ظبي
ree (de)	yaḥmūr orobby (m)	يحمورأوروبي
damhert (het)	eyl asmar orobby (m)	أيّل أسمر أوروبي
gems (de)	ʃamwah (f)	شاmواه
everzwijn (het)	χenzīr barry (m)	خنزير برّي
walvis (de)	ḥūt (m)	حوت
rob (de)	foqma (f)	فقمة
walrus (de)	el kab' (m)	الكبع
zeehond (de)	foqmet el farā' (f)	فقمة الفراء
dolfijn (de)	dolfīn (m)	دولفين
beer (de)	dobb (m)	دبّ
ijsbeer (de)	dobb 'oṭṭby (m)	دبّ قطبي
panda (de)	banda (m)	باندا
aap (de)	'erd (m)	قرد
chimpansee (de)	ʃimbanzy (m)	شيمبانزي
orang-oetan (de)	orangutan (m)	أورنغوتان
gorilla (de)	ɣorella (f)	غوريلا
makaak (de)	'erd el makāk (m)	قرد المكاك
gibbon (de)	gibbon (m)	جيبون
olifant (de)	fīl (m)	فيل
neushoorn (de)	χartīt (m)	خرتيت
giraffe (de)	zarāfa (f)	زرافة
nijlpaard (het)	faras el nahr (m)	فرس النهر
kangoeroe (de)	kangarū (m)	كانجارو
koala (de)	el koala (m)	الكوالا
mangoest (de)	nems (m)	نمس
chinchilla (de)	ʃenʃila (f)	شنشيلة
stinkdier (het)	ẓerbān (m)	ظربان
stekelvarken (het)	nīṣ (m)	نيص

89. Huisdieren

poes (de)	'oṭṭa (f)	قطّة
kater (de)	'oṭṭ (m)	قطّ
hond (de)	kalb (m)	كلب

paard (het)	ḥoṣān (m)	حصان
hengst (de)	χeyl faḥl (m)	خيل فحل
merrie (de)	faras (f)	فرس
koe (de)	ba'ara (f)	بقرة
stier (de)	sore (m)	ثور
os (de)	sore (m)	ثور
schaap (het)	χarūf (f)	خروف
ram (de)	kebʃ (m)	كبش
geit (de)	me'za (f)	معزة
bok (de)	mā'ez zakar (m)	ماعز ذكر
ezel (de)	ḥomār (m)	حمار
muilezel (de)	baɣl (m)	بغل
varken (het)	χenzīr (m)	خنزير
biggetje (het)	χannūṣ (m)	خنّوص
konijn (het)	arnab (m)	أرنب
kip (de)	farχa (f)	فرخة
haan (de)	dīk (m)	ديك
eend (de)	baṭṭa (f)	بطّة
woerd (de)	dakar el baṭṭ (m)	ذكر البط
gans (de)	wezza (f)	وزّة
kalkoen haan (de)	dīk rūmy (m)	ديك رومي
kalkoen (de)	dīk rūmy (m)	ديك رومي
huisdieren (mv.)	ḥayawānāt dawāgen (pl)	حيوانات دواجن
tam (bijv. hamster)	alīf	أليف
temmen (tam maken)	rawweḍ	روّض
fokken (bijv. paarden ~)	rabba	ربّى
boerderij (de)	mazra'a (f)	مزرعة
gevogelte (het)	dawāgen (pl)	دواجن
rundvee (het)	māʃeya (f)	ماشية
kudde (de)	qaṭee' (m)	قطيع
paardenstal (de)	esṭabl χeyl (m)	إسطبل خيل
zwijnenstal (de)	ḥazīret χanazīr (f)	حظيرة الخنازير
koeienstal (de)	zerībet el ba'ar (f)	زريبة البقر
konijnenhok (het)	qan el arāneb (m)	قن الأرانب
kippenhok (het)	qan el ferāχ (m)	قن الفراخ

90. Vogels

vogel (de)	ṭā'er (m)	طائر
duif (de)	ḥamāma (f)	حمامة
mus (de)	'aṣfūr dawri (m)	عصفور دوري
koolmees (de)	qarqaf (m)	قرقف
ekster (de)	'a''a' (m)	عقعق
raaf (de)	ɣorāb aswad (m)	غراب أسود

kraai (de)	ɣorāb (m)	غراب
kauw (de)	zāɣ zarʿy (m)	زاغ زرعي
roek (de)	ɣorāb el qeyẓ (m)	غراب القيظ
eend (de)	baṭṭa (f)	بطّة
gans (de)	wezza (f)	وزّة
fazant (de)	tadarrog (m)	تدرج
arend (de)	ʿeqāb (m)	عقاب
havik (de)	el bāz (m)	الباز
valk (de)	ṣaʾr (m)	صقر
gier (de)	nesr (m)	نسر
condor (de)	kondor (m)	كندور
zwaan (de)	el temm (m)	التمّ
kraanvogel (de)	karkiya (m)	كركية
ooievaar (de)	loqloq (m)	لقلق
papegaai (de)	babaɣāʾ (m)	ببغاء
kolibrie (de)	ṭannān (m)	طنّان
pauw (de)	ṭawūs (m)	طاووس
struisvogel (de)	naʿāma (f)	نعامة
reiger (de)	belʃone (m)	بلشون
flamingo (de)	flamingo (m)	فلامينجو
pelikaan (de)	bagʿa (f)	بجعة
nachtegaal (de)	ʿandalīb (m)	عندليب
zwaluw (de)	el sonūnū (m)	السنونو
lijster (de)	somnet el ḥoqūl (m)	سملة الحقول
zanglijster (de)	somna moɣarreda (m)	سمنة مغرّدة
merel (de)	ʃaḥrūr aswad (m)	شحرور أسود
gierzwaluw (de)	semmāma (m)	سمّامة
leeuwerik (de)	qabra (f)	قبرة
kwartel (de)	semmān (m)	سمّان
specht (de)	naʾār el χaʃab (m)	نقار الخشب
koekoek (de)	weqwāq (m)	وقواق
uil (de)	būma (f)	بومة
oehoe (de)	būm orāsy (m)	بوم أوراسي
auerhoen (het)	dīk el χalang (m)	ديك الخلنج
korhoen (het)	ṭyhūg aswad (m)	طيهوج أسوّد
patrijs (de)	el ḥagal (m)	الحجل
spreeuw (de)	zerzūr (m)	زرزور
kanarie (de)	kanāry (m)	كناري
hazelhoen (het)	ṭyhūg el bondoʾ (m)	طيهوج البندق
vink (de)	ʃarʃūr (m)	شرشور
goudvink (de)	deɣnāʃ (m)	دغناش
meeuw (de)	nawras (m)	نورس
albatros (de)	el qoṭros (m)	القطرس
pinguïn (de)	beṭrīq (m)	بطريق

91. Vis. Zeedieren

brasem (de)	abramīs (m)	أبراميس
karper (de)	ʃabbūṭ (m)	شبّوط
baars (de)	farχ (m)	فرخ
meerval (de)	'armūṭ (m)	قرموط
snoek (de)	karāky (m)	كراكي
zalm (de)	salamon (m)	سلمون
steur (de)	ḥafʃ (m)	حفش
haring (de)	renga (f)	رنجة
atlantische zalm (de)	salamon aṭlasy (m)	سلمون أطلسي
makreel (de)	makerel (m)	ماكريل
platvis (de)	samak mefalṭah (f)	سمك مفلطح
snoekbaars (de)	samak sandar (m)	سمك سندر
kabeljauw (de)	el qadd (m)	القد
tonijn (de)	tuna (f)	تونة
forel (de)	salamon mera''aṭ (m)	سلمون مرقّط
paling (de)	ḥankalīs (m)	حنكليس
sidderrog (de)	ra'ād (m)	رعاد
murene (de)	moraya (f)	مورايية
piranha (de)	bīrana (f)	بيرانا
haai (de)	'erʃ (m)	قرش
dolfijn (de)	dolfīn (m)	دولفين
walvis (de)	ḥūt (m)	حوت
krab (de)	kaboria (m)	كابوريا
kwal (de)	'andīl el baḥr (m)	قنديل البحر
octopus (de)	aχṭabūṭ (m)	أخطبوط
zeester (de)	negmet el baḥr (f)	نجمة البحر
zee-egel (de)	qonfoz el baḥr (m)	قنفذ البحر
zeepaardje (het)	ḥoṣān el baḥr (m)	حصان البحر
oester (de)	maḥār (m)	محار
garnaal (de)	gammbary (m)	جمّبري
kreeft (de)	estakoza (f)	استكوزا
langoest (de)	estakoza (m)	استاكوزا

92. Amfibieën. Reptielen

slang (de)	te'bān (m)	ثعبان
giftig (slang)	sām	سام
adder (de)	af'a (f)	أفعى
cobra (de)	kobra (m)	كوبرا
python (de)	te'bān byton (m)	ثعبان بايثون
boa (de)	bawā' el 'aṣera (f)	بواء العاصرة
ringslang (de)	te'bān el 'oʃb (m)	ثعبان العشب

ratelslang (de)	af'a megalgela (f)	أفعى مجلجلة
anaconda (de)	anakonda (f)	أناكوندا
hagedis (de)	seḥliya (f)	سحليّة
leguaan (de)	eɣwana (f)	إغوانة
varaan (de)	warl (m)	ورل
salamander (de)	salamander (m)	سلمندر
kameleon (de)	ḥerbāya (f)	حرباية
schorpioen (de)	'a'rab (m)	عقرب
schildpad (de)	solḥefah (f)	سلحفاة
kikker (de)	ḍeffḍa' (m)	ضفدع
pad (de)	ḍeffḍa' el ṭeyn (m)	ضفدع الطين
krokodil (de)	temsāḥ (m)	تمساح

93. Insecten

insect (het)	ḥaʃara (f)	حشرة
vlinder (de)	farāʃa (f)	فراشة
mier (de)	namla (f)	نملة
vlieg (de)	debbāna (f)	دبّانة
mug (de)	namūsa (f)	ناموسة
kever (de)	χonfesa (f)	خنفسة
wesp (de)	dabbūr (m)	دبّور
bij (de)	naḥla (f)	نحلة
hommel (de)	naḥla ṭannāna (f)	نحلة طنّانة
horzel (de)	na'ra (f)	نعرة
spin (de)	'ankabūt (m)	عنكبوت
spinnenweb (het)	nasīg 'ankabūt (m)	نسيج عنكبوت
libel (de)	ya'sūb (m)	يعسوب
sprinkhaan (de)	garād (m)	جراد
nachtvlinder (de)	'etta (f)	عثّة
kakkerlak (de)	ṣarṣūr (m)	صرصور
teek (de)	qarāda (f)	قرادة
vlo (de)	barɣūt (m)	برغوث
kriebelmug (de)	ba'ūḍa (f)	بعوضة
treksprinkhaan (de)	garād (m)	جراد
slak (de)	ḥalazōn (m)	حلزون
krekel (de)	ṣarṣūr el ḥaql (m)	صرصور الحقل
glimworm (de)	yarā'a (f)	يراعة
lieveheersbeestje (het)	χonfesa mena'ṭṭa (f)	خنفسة منقّطة
meikever (de)	χonfesa motlefa lel nabāt (f)	خنفسة متلفة للنبات
bloedzuiger (de)	'alaqa (f)	علقة
rups (de)	yasrū' (m)	يسروع
aardworm (de)	dūda (f)	دودة
larve (de)	yaraqa (f)	يرقة

FLORA

94. Bomen

boom (de)	ʃagara (f)	شجرة
loof- (abn)	nafḍiya	نفضيّة
dennen- (abn)	ṣonoberiya	صنوبرية
groenblijvend (bn)	dā'emet el χoḍra	دائمة الخضرة
appelboom (de)	ʃagaret toffāḥ (f)	شجرة تفّاح
perenboom (de)	ʃagaret komettra (f)	شجرة كمثّرى
kers (de)	ʃagaret karaz (f)	شجرة كرز
pruimelaar (de)	ʃagaret bar'ū' (f)	شجرة برقوق
berk (de)	batola (f)	بتولا
eik (de)	ballūṭ (f)	بلّوط
linde (de)	zayzafūn (f)	زيزفون
esp (de)	ḥūr rāgef	حور راجف
esdoorn (de)	qayqab (f)	قيقب
spar (de)	rateng (f)	راتينج
den (de)	ṣonober (f)	صنوبر
lariks (de)	arziya (f)	أرزية
zilverspar (de)	tanūb (f)	تنوب
ceder (de)	el orz (f)	الأرز
populier (de)	ḥūr (f)	حور
lijsterbes (de)	ɣobayrā' (f)	غبيراء
wilg (de)	ṣefsāf (f)	صفصاف
els (de)	gār el mā' (m)	جار الماء
beuk (de)	el zān (f)	الزان
iep (de)	derdar (f)	دردار
es (de)	marān (f)	مران
kastanje (de)	kastanā' (f)	كستناء
magnolia (de)	maɣnolia (f)	ماغنوليا
palm (de)	naχla (f)	نخلة
cipres (de)	el soro (f)	السرو
mangrove (de)	mangrūf (f)	مانجروف
baobab (apenbroodboom)	baobab (f)	باوباب
eucalyptus (de)	eukalyptus (f)	أوكالبتوس
mammoetboom (de)	sequoia (f)	سيكويا

95. Heesters

struik (de)	ʃogeyra (f)	شجيرة
heester (de)	ʃogayrāt (pl)	شجيرات

wijnstok (de)	karma (f)	كرمة
wijngaard (de)	karam (m)	كرم
frambozenstruik (de)	zar'et tūt el 'alī' el aḥmar (f)	زرعة توت العليق الأحمر
rode bessenstruik (de)	keʃmeʃ aḥmar (m)	كشمش أحمر
kruisbessenstruik (de)	'enab el sa'lab (m)	عنب الثعلب
acacia (de)	aqaqia (f)	أقاقيا
zuurbes (de)	berbarīs (m)	برباريس
jasmijn (de)	yasmīn (m)	ياسمين
jeneverbes (de)	'ar'ar (m)	عرعر
rozenstruik (de)	ʃogeyret ward (f)	شجيرة ورد
hondsroos (de)	ward el seyāg (pl)	ورد السياج

96. Vruchten. Bessen

vrucht (de)	tamra (f)	تمرة
vruchten (mv.)	tamr (m)	تمر
appel (de)	toffāḥa (f)	تفّاحة
peer (de)	komettra (f)	كمّثرى
pruim (de)	bar'ū' (m)	برقوق
aardbei (de)	farawla (f)	فراولة
zoete kers (de)	karaz (m)	كرز
druif (de)	'enab (m)	عنب
framboos (de)	tūt el 'alī' el aḥmar (m)	توت العليق الأحمر
zwarte bes (de)	keʃmeʃ aswad (m)	كشمش أسود
rode bes (de)	keʃmeʃ aḥmar (m)	كشمش أحمر
kruisbes (de)	'enab el sa'lab (m)	عنب الثعلب
veenbes (de)	'enabiya ḥāda el χebā' (m)	عنبية حادة الخباء
sinaasappel (de)	bortoqal (m)	برتقال
mandarijn (de)	yosfy (m)	يوسفي
ananas (de)	ananās (m)	أناناس
banaan (de)	moze (m)	موز
dadel (de)	tamr (m)	تمر
citroen (de)	lymūn (m)	ليمون
abrikoos (de)	meʃmeʃ (f)	مشمش
perzik (de)	χawχa (f)	خوخة
kiwi (de)	kiwi (m)	كيوي
grapefruit (de)	grabe frūt (m)	جريب فروت
bes (de)	tūt (m)	توت
bessen (mv.)	tūt (pl)	توت
vossenbes (de)	'enab el sore (m)	عنب الثور
bosaardbei (de)	farawla barriya (f)	فراولة بريّة
bosbes (de)	'enab al aḥrāg (m)	عنب الأحراج

97. Bloemen. Planten

bloem (de)	zahra (f)	زهرة
boeket (het)	bokeyh (f)	بوكيه
roos (de)	warda (f)	وردة
tulp (de)	tolīb (f)	توليب
anjer (de)	'oronfol (m)	قرنفل
gladiool (de)	el dalbūs (f)	الدّلّبُوث
korenbloem (de)	qanṭeryūn 'anbary (m)	قنطريون عنبري
klokje (het)	garīs mostadīr el awrā' (m)	جريس مستدير الأوراق
paardenbloem (de)	handabā' (f)	هندباء
kamille (de)	kamomile (f)	كاموميل
aloë (de)	el alowa (m)	الألوّة
cactus (de)	ṣabbār (m)	صبّار
ficus (de)	faykas (m)	فيّكس
lelie (de)	zanbaq (f)	زنبق
geranium (de)	ɣarnūqy (f)	غرنوقي
hyacint (de)	el lavender (f)	اللافندر
mimosa (de)	mimoza (f)	ميموزا
narcis (de)	nerges (f)	نرجس
Oostindische kers (de)	abo χangar (f)	أبو خنجر
orchidee (de)	orkid (f)	أوركيد
pioenroos (de)	fawnia (f)	فاوانيا
viooltje (het)	el banafseg (f)	البنفسج
driekleurig viooltje (het)	bansy (f)	بانسي
vergeet-mij-nietje (het)	'āzān el fa'r (pl)	آذان الفأر
madeliefje (het)	aqwaḥān (f)	أقحوان
papaver (de)	el χoʃχāʃ (f)	الخشخاش
hennep (de)	qanb (m)	قنب
munt (de)	ne'nā' (m)	نعناع
lelietje-van-dalen (het)	zanbaq el wādy (f)	زنبق الوادي
sneeuwklokje (het)	zahrat el laban (f)	زهرة اللبن
brandnetel (de)	'arrāṣ (m)	قرّاص
veldzuring (de)	ḥammāḍ bostāny (m)	حمّاض بستاني
waterlelie (de)	niloferiya (f)	نيلوفرية
varen (de)	sarχas (m)	سرخس
korstmos (het)	aʃna (f)	أشنة
oranjerie (de)	ṣoba (f)	صوبة
gazon (het)	'oʃb aχḍar (m)	عشب أخضر
bloemperk (het)	geneynet zohūr (f)	جنينة زهور
plant (de)	nabāt (m)	نبات
gras (het)	'oʃb (m)	عشب
grasspriet (de)	'oʃba (f)	عشبة

blad (het)	wara'a (f)	ورقة
bloemblad (het)	wara'et el zahra (f)	ورقة الزهرة
stengel (de)	sāq (f)	ساق
knol (de)	darna (f)	درنة
scheut (de)	nabta saɣīra (f)	نبتة صغيرة
doorn (de)	ʃawka (f)	شوكة
bloeien (ww)	fattaḥet	فتّحت
verwelken (ww)	debel	ذبل
geur (de)	rīḥa (f)	ريحة
snijden (bijv. bloemen ~)	'aṭa'	قطع
plukken (bloemen ~)	'aṭaf	قطف

98. Granen, graankorrels

graan (het)	ḥobūb (pl)	حبوب
graangewassen (mv.)	maḥaṣīl el ḥubūb (pl)	محاصيل الحبوب
aar (de)	sonbola (f)	سنبلة
tarwe (de)	'amḥ (m)	قمح
rogge (de)	ʃelm mazrū' (m)	شيلم مزروع
haver (de)	ʃofān (m)	شوفان
gierst (de)	el deχn (m)	الدُخن
gerst (de)	ʃe'īr (m)	شعير
maïs (de)	dora (f)	ذرة
rijst (de)	rozz (m)	رز
boekweit (de)	ḥanṭa soda' (f)	حنطة سوداء
erwt (de)	besella (f)	بسلّة
boon (de)	faṣolya (f)	فاصوليا
soja (de)	fūl el ṣoya (m)	فول الصويا
linze (de)	'ads (m)	عدس
bonen (mv.)	fūl (m)	فول

LANDEN VAN DE WERELD

99. Landen. Deel 1

Afghanistan (het)	afɣanistan (f)	أفغانستان
Albanië (het)	albānia (f)	ألبانيا
Argentinië (het)	arʒantīn (f)	الأرجنتين
Armenië (het)	armīnia (f)	أرمينيا
Australië (het)	ostorālya (f)	أستراليا
Azerbeidzjan (het)	azrabiʒān (m)	أذربيجان
Bahama's (mv.)	gozor el bahāmas (pl)	جزر البهاماس
Bangladesh (het)	bangladeʃ (f)	بنجلاديش
België (het)	balʒīka (f)	بلجيكا
Bolivia (het)	bolivia (f)	بوليفيا
Bosnië en Herzegovina (het)	el bosna wel harsek (f)	البوسنة والهرسك
Brazilië (het)	el barazīl (f)	البرازيل
Bulgarije (het)	bolɣāria (f)	بلغاريا
Cambodja (het)	kambodya (f)	كمبوديا
Canada (het)	kanada (f)	كندا
Chili (het)	tʃīly (f)	تشيلي
China (het)	el ṣīn (f)	الصين
Colombia (het)	kolombia (f)	كولومبيا
Cuba (het)	kūba (f)	كوبا
Cyprus (het)	'obroṣ (f)	قبرص
Denemarken (het)	el denmark (f)	الدنمارك
Dominicaanse Republiek (de)	gomhoriya el dominikan (f)	جمهوريّة الدومينيكان
Duitsland (het)	almānya (f)	ألمانيا
Ecuador (het)	el equador (f)	الإكوادور
Egypte (het)	maṣr (f)	مصر
Engeland (het)	engeltera (f)	إنجلترا
Estland (het)	estūnia (f)	إستونيا
Finland (het)	finlanda (f)	فنلندا
Frankrijk (het)	faransa (f)	فرنسا
Frans-Polynesië	bolenezia el faransiya (f)	بولينزيا الفرنسيّة
Georgië (het)	ʒorʒia (f)	جورجيا
Ghana (het)	ɣana (f)	غانا
Griekenland (het)	el yunān (f)	اليونان
Groot-Brittannië (het)	briṭaniya el ʿozma (f)	بريطانيا العظمى
Haïti (het)	haīti (f)	هايتي
Hongarije (het)	el magar (f)	المجر
Ierland (het)	irelanda (f)	أيرلندا
IJsland (het)	'āyslanda (f)	آيسلندا
India (het)	el hend (f)	الهند
Indonesië (het)	indonisya (f)	إندونيسيا

Irak (het)	el ʿerāq (m)	العراق
Iran (het)	iran (f)	إيران
Israël (het)	isra'īl (f)	إسرائيل
Italië (het)	eṭālia (f)	إيطاليا

100. Landen. Deel 2

Jamaica (het)	ʒamayka (f)	جامايكا
Japan (het)	el yabān (f)	اليابان
Jordanië (het)	el ordon (m)	الأردن
Kazakstan (het)	kazaɣistān (f)	كازاخستان
Kenia (het)	kenya (f)	كينيا
Kirgizië (het)	qirɣizestān (f)	قيرغيزستان
Koeweit (het)	el kuweyt (f)	الكويت
Kroatië (het)	kroātya (f)	كرواتيا
Laos (het)	laos (f)	لاوس
Letland (het)	latvia (f)	لاتفيا
Libanon (het)	lebnān (f)	لبنان
Libië (het)	libya (f)	ليبيا
Liechtenstein (het)	liʃtenʃtayn (m)	ليشتنشتاين
Litouwen (het)	litwānia (f)	ليتوانيا
Luxemburg (het)	luksemburg (f)	لوكسمبورج
Macedonië (het)	maqdūnia (f)	مقدونيا
Madagaskar (het)	madaɣaʃkar (f)	مدغشقر
Maleisië (het)	malīzya (f)	ماليزيا
Malta (het)	malṭa (f)	مالطا
Marokko (het)	el maɣreb (m)	المغرب
Mexico (het)	el maksīk (f)	المكسيك
Moldavië (het)	moldāvia (f)	مولدافيا
Monaco (het)	monako (f)	موناكو
Mongolië (het)	manɣūlia (f)	منغوليا
Montenegro (het)	el gabal el aswad (m)	الجبل الأسوّد
Myanmar (het)	myanmar (f)	ميانمار
Namibië (het)	namibia (f)	ناميبيا
Nederland (het)	holanda (f)	هولندا
Nepal (het)	nebāl (f)	نيبال
Nieuw-Zeeland (het)	nyu zelanda (f)	نيوزيلنّدا
Noord-Korea (het)	korea el ʃamāliya (f)	كوريا الشماليّة
Noorwegen (het)	el nerwīg (f)	النرويج
Oekraïne (het)	okrānia (f)	أوكرانيا
Oezbekistan (het)	uzbakistān (f)	أوزبكستان
Oostenrijk (het)	el nemsa (f)	النمسا

101. Landen. Deel 3

Pakistan (het)	bakistān (f)	باكستان
Palestijnse autonomie (de)	felesṭīn (f)	فلسطين
Panama (het)	banama (f)	بنما

Paraguay (het)	baraguay (f)	باراجواي
Peru (het)	beru (f)	بيرو
Polen (het)	bolanda (f)	بولندا
Portugal (het)	el bortoɣāl (f)	البرتغال
Roemenië (het)	romānia (f)	رومانيا
Rusland (het)	rūsya (f)	روسيا
Saoedi-Arabië (het)	el so'odiya (f)	السعوديّة
Schotland (het)	oskotlanda (f)	اسكتّلندا
Senegal (het)	el senɣāl (f)	السنغال
Servië (het)	ṣerbia (f)	صربيا
Slovenië (het)	slovenia (f)	سلوفينيا
Slowakije (het)	slovākia (f)	سلوفاكيا
Spanje (het)	asbānya (f)	إسبانيا
Suriname (het)	surinam (f)	سورينام
Syrië (het)	soria (f)	سوريا
Tadzjikistan (het)	ṭaʒīkistan (f)	طاجيكستان
Taiwan (het)	taywān (f)	تايوان
Tanzania (het)	tanznia (f)	تنزانيا
Tasmanië (het)	tasmania (f)	تاسمانيا
Thailand (het)	tayland (f)	تايلاند
Tsjechië (het)	gomhoriya el tʃīk (f)	جمهورية التشيك
Tunesië (het)	tunis (f)	تونس
Turkije (het)	turkia (f)	تركيا
Turkmenistan (het)	turkmānistān (f)	تركمانستان
Uruguay (het)	uruguay (f)	أوروجواي
Vaticaanstad (de)	el vatikān (m)	الفاتيكان
Venezuela (het)	venzweyla (f)	فنزويلا
Verenigde Arabische Emiraten	el emārāt el 'arabiya el mottaḥeda (pl)	الإمارات العربية المتّحدة
Verenigde Staten van Amerika	el welayāt el mottaḥda el amrīkiya (pl)	الولايات المتّحدة الأمريكيّة
Vietnam (het)	vietnām (f)	فيتنام
Wit-Rusland (het)	belarūsia (f)	بيلاروسيا
Zanzibar (het)	zanʒibār (f)	زنجبار
Zuid-Afrika (het)	afreqia el ganūbiya (f)	أفريقيا الجنوبيّة
Zuid-Korea (het)	korea el ganūbiya (f)	كوريا الجنوبيّة
Zweden (het)	el sweyd (f)	السويد
Zwitserland (het)	swesra (f)	سويسرا

www.ingramcontent.com/pod-product-compliance
Lightning Source LLC
Chambersburg PA
CBHW071502070426
42452CB00041B/2117
* 9 7 8 1 7 8 7 1 6 7 2 9 2 *